校企合作公共管理与服务类专业精品教材

老年学概论

洪　灵　主编

教·学
资　源

北京出版集团
北京教育出版社

图书在版编目(CIP)数据

老年学概论 / 洪灵主编. -- 北京：北京教育出版社，2024. 7. -- ISBN 978-7-5704-6704-4
Ⅰ. C913.6
中国国家版本馆 CIP 数据核字第 202487R57J 号

老年学概论
洪　灵　主编
*
北 京 出 版 集 团
北 京 教 育 出 版 社　出版
（北京北三环中路 6 号）
邮政编码：100120
网址：www.bph.com.cn
京版北教文化传媒股份有限公司总发行
全国各地书店经销
三河市悦鑫印务有限公司印刷
*
787 mm×1 092 mm　16 开本　10.5 印张　262 千字
2024 年 7 月第 1 版　2024 年 7 月第 1 次印刷

ISBN 978-7-5704-6704-4
定价：38.00 元

质量监督电话：(010)58572650　58572393

前言
PREFACE

我国是世界上人口老龄化程度比较高的国家之一，老年人口数量多，人口老龄化速度快，应对人口老龄化的任务繁重。有效应对人口老龄化，事关国家发展全局，事关亿万百姓福祉，事关社会和谐稳定，对于全面建设社会主义现代化国家具有重要意义。为实施积极应对人口老龄化国家战略，我国提出了要进一步完善老年人社会保障体系、加快健全养老服务体系、全面加强老年健康服务工作、加快推动老年产业发展、着力构建老年友好型社会等一系列举措。要想推动这些举措顺利实施，就要加强养老服务人才队伍建设，培养一批高素质专业人才。

为了满足老龄化社会发展对服务人才的需要，培养符合要求的高素质专业人才，编者在大量搜集、分析最新资料的基础上，精心编写了本书。

具体而言，本书具有以下鲜明特色。

1 启智润心，立德树人

党的二十大报告中指出："育人的根本在于立德。"本书积极贯彻党的二十大精神，落实立德树人根本任务，在每个项目前设置了"素质目标"，明确提出素质要求，引导学生在学习老年学相关知识的同时，树立正确的世界观、人生观和价值观；在正文中设置了"孝亲敬老""政策引领"模块，通过向学生介绍一些尊老、敬老、爱老、助老的优秀案例和与老年人相关的政策，引导学生在学习和生活中培养孝老爱老、乐于助人、爱岗敬业、遵纪守法的优良品质；在介绍老年学相关知识时，有机融入了团结互助精神、爱国主义精神、奉献精神等，潜移默化地培育学生的道德品质和人文精神，力求培养高素质、有理想、有担当的专业人才。

2 校企合作，协同育人

为了突出本书内容的实用性和适用性，编者在编写本书时，走访了多个农村和城市的家庭、社区、企业等，了解了不同年龄层和不同地区老年人的社会参与情况、不同社区的老年社区工作情况等，并将部分内容有机融入本书中；与多名社区和养老机构的社会工作者、养老护理员等养老服务从业人员进行交流，并以养老服务从业人员的知识储备为导向安排本书内容，为学生将来走上工作岗位奠定良好的基础；与多名老年学专家沟通，了解他们关于老年学的研究、见解等，从而保证本书内容的科学性、权威性、前瞻性。

3 全新理念，注重实践

本书坚持“以学生为中心”的理念，采用项目任务式结构编排，既有助于教师更好地推进教学工作，又有助于学生理解和掌握知识点。具体来说，本书在每个任务开始设置了“任务导入”模块，以与知识点相关的案例为切入点，通过提问的方式引发学生思考，激发学生的学习兴趣；在讲解理论知识时，穿插了“小贴士”“知识拓展”“课堂互动”“同步案例”等模块，以增强本书的互动性、趣味性，拓宽学生的知识面；在每个任务后设置了“任务实施”，让学生通过实地调研、人物访谈等方式应用所学知识，提高分析与解决问题的能力。此外，本书还在每个项目后设置了“学习成果自测”和“学习成果评价”模块，帮助学生检测学习情况。

4 平台支撑，资源丰富

本书配有丰富的数字资源，读者既可以借助手机或其他移动设备扫描书中的二维码观看微课视频，也可以登录文旌综合教育平台“文旌课堂”查看和下载本书配套资源，如优质课件、教案、“学习成果自测”答案等。读者在阅读过程中有任何疑问，都可以登录该平台寻求帮助。

此外，本书还提供了在线题库，支持“教学作业，一键发布”，教师只需通过微信或“文旌课堂”App 扫描扉页二维码，即可迅速选题、一键发布、智能批改，并查看学生的作业分析报告，从而提高教学效率、提升教学体验。学生可在线完成作业，巩固所学知识，提高学习效率。

本书由洪灵担任主编，赵博嘉、陈琴担任副主编。由于编者水平有限，书中难免存在疏漏与不妥之处，诚请广大读者批评指正。

特别说明：

（1）编者在编写过程中，参考了大量资料并引用了部分文章和图片等。大部分引用的资料已获授权，但由于部分资料来自网络，我们未能确认出处，也暂时无法联系到原作者。对此，我们深表歉意，并欢迎原作者随时与我们联系，我们将按规定支付酬劳。

（2）本书所选案例大部分来源于真实事件，但为了避免引起误会，我们对部分人名和企业名进行了模糊化处理。

（3）本书没有注明资料来源的案例均为编者自编或根据真实事件改编。

本书配套资源下载网址和联系方式

网址：https://www.wenjingketang.com

电话：400-117-9835

邮箱：book@wenjingketang.com

目录 CONTENTS

项目一 老年学概述

项目引言

随着人口老龄化程度不断加深，老年人的生活质量和福祉问题逐渐成为社会关注的焦点，老年学也更加受到社会重视。老年学详细研究了有关老年人、老年社会工作等方面的问题，涉及范围非常广。学习老年学的相关知识，对人们认识老年人、社会养老、人口老龄化，以及做好社会养老服务工作等有重要帮助。

知识目标

- 熟悉老年学的定义、社会功能和主要理论。
- 掌握老年学的研究内容和研究方法。
- 掌握人口老龄化的定义和衡量指标。
- 了解人口老龄化的影响。
- 熟悉我国人口老龄化现状和关于人口老龄化的对策。

素质目标

- 通过学习老年学的相关知识，培养科学、严谨的工作态度。
- 通过学习人口老龄化的相关知识，培养尊老、敬老的良好品质。

任务一 认识老年学

任务导入

第十九届中国老年学学科建设研讨会顺利举办

第十九届中国老年学学科建设研讨会在中国人民大学顺利举办。本届研讨会以“中国老年学学科二十年与老年学自主知识体系建构”为主题，与会专家从人口学、社会学、经济学等不同学科视角，对20年来我国老年学学科发展历程进行了回顾，并结合我国人口老龄化新形势，展望了我国老年学学科自主知识体系建构的未来走向，指出应加快建构以中国自主知识体系为内核的中国特色哲学社会科学学科体系、学术体系、话语体系，以期进一步推动老年学与其他学科的交叉融合发展，走出一条积极应对人口老龄化的中国特色道路。

本届研讨会共设置了8个平行论坛，与会专家就“老龄社会治理”“老龄研究的基础理论与方法”“老年学学科建设”“老龄健康与维护”“积极应对人口老龄化”“老年社会工作自主知识体系建构的传承与创新”“老龄研究与社会实践的人才培养”“长期照护与养老服务”等议题进行了交流。

（摘编自：陈雅静，《第十九届中国老年学学科建设研讨会成功举办》，中国社会科学网，2023年10月7日）

思考：

（1）什么是老年学？

（2）老年学的研究内容有哪些？

一、老年学的定义

老年学是研究人体衰老现象、原因、机制与抗衰老的措施，老年期的疾病与保健，老年人的社会福利问题以及延长寿命的多学科性质的学科。老年学具有以下内涵：

（1）老年学是一门聚焦人体衰老现象、原因、机制与抗衰老的措施，老年人疾病与保健，老年人社会福利等的学科。

（2）老年学是一门具有多学科性质的学科。一方面，老年学涉及老年人疾病与保健、老年人社会福利问题等多种学科；另一方面，老年学引入了其他学科（如生物学、心理学、医学等）对人体衰老、老年人问题、老年人需求等的见解，并运用这些学科的相关理论知识解释或者解决老年学中的一些问题。

二、老年学的社会功能

（一）解释功能

借助科学的理论知识和系统的分析方法，老年学能够解释衰老原因、老年人心理变化、人口老龄化等，有利于人们正确看待或采取积极措施应对社会中的各种老年问题。

（二）指导功能

老年学的指导功能主要体现在以下几个方面：

（1）指导政策、法规制定。老年学研究老年社会问题，可以为政府制定合理、有效的老龄政策和法规提供科学依据。

（2）指导人才培养。老年学研究老年人口的发展规律，可以指导人们有目的地培养符合要求的老年医学、老年心理学、老年经济学、老年护理学等与老年学有关学科的教学和科研人才，以及与老龄工作相关的服务人才。

（3）指导老年人保持健康。老年学包含老年人健康教育与管理等方面的知识，有助于人们更好地了解低龄老年人、中龄老年人、高龄老年人等不同年龄段老年人的健康状况，从而为进行有针对性的老年人健康教育与管理等提供指导。

小 贴 士

低龄老年人是指 60～69 岁的老年人。
中龄老年人是指 70～79 岁的老年人。
高龄老年人是指 80 岁及以上的老年人。

（三）促进积极老龄化

积极老龄化是指老年人口中身心健康、社会参与、获得保障的比例不断上升和水平不断提高的态势。老年学关注老年人的身心健康、社会参与程度、经济状况等，人们通过学习老年学，可以深入了解这些情况，从多方面采取措施，促进积极老龄化。

三、老年学的主要理论

老年学的多学科性质决定了其理论来源的多样性。老年学的主要理论包括生物学理论、心理学理论和社会学理论。

（一）生物学理论

生物学理论主要从遗传、生理等角度分析人衰老的原因，包括遗传程序说和随机性损伤说。

1. **遗传程序说**

遗传程序说认为人的衰老是预先安排好的遗传程序启动、运行的结果，即使没有外界因素（如天灾人祸、疾病等）干扰，人最终也必然会因为人体细胞内遗传程序的变化而衰老。

2. **随机性损伤说**

随机性损伤说认为人的衰老是由机体内部和外部各种不利因素引起的细胞、组织和器官的随机性损伤（如内分泌功能减退、脑神经细胞减少等）积累所致。

课堂互动

你更认同遗传程序说的观点还是随机性损伤说的观点？请说一说你的看法。

（二）心理学理论

心理学理论主要从心理学的角度分析老年人心理、行为变化的原因。心理学理论主要有以下几种。

1. **认知心理学理论**

认知心理学理论将人脑视为信息加工器，并将人的认知过程视为人脑加工信息、获取知识的过程，认为人的情绪、情感、行为等均取决于人的认知活动。随着年龄的增长，人脑加工信息速度减慢、能力降低，导致认知功能减退，人因此出现心理、行为变化。

2. **毕生发展心理学理论**

毕生发展心理学理论的主要观点如下：

（1）发展贯穿人的一生，人在任何时期都有可能发生心理和行为的变化。

（2）发展具有多维性和多向性，不同的心理和行为、同一心理的各个方面的发展可能各不相同。

（3）任何一种心理和行为的发展过程总是由获得（成长）与丧失（衰退）两部分组成。任何发展都包括新的适应能力的获得与既有能力的丧失，但获得与丧失并不总是以相同的强度存在。

（4）心理发展具有很强的可塑性和差异性，它是由遗传支配的，但又是可变的。

（5）任何一个发展过程都是年龄阶段、历史阶段、非规范事件 3 种影响因素相互作用的结果。

小贴士

年龄阶段的影响因素主要是指生物性上的成熟和与年龄有关的社会文化事件，如退休等。

历史阶段的影响因素主要是指与历史时期有关的生物和环境因素，如战争等。

非规范事件的影响因素主要是指对某些特定个体发生作用的生物与环境因素，如疾病、离异、职业变化等。

（6）发展是带有选择性、最优性、补偿性的结果。

3．积极心理学理论

积极心理学理论认为正向情绪（如乐观、幸福感）能促使老年人保持积极的心理，具有更好的社会适应能力，同时有助于他们缓解压力和排除不良情绪等。因此，老年人应保持积极的心理。

（三）社会学理论

社会学理论是从社会学角度分析老龄化的原因和过程，总结老龄化和人们如何适应老龄化的社会学规律等。社会学理论主要有以下几种。

1．脱离理论

脱离理论又称撤退理论或休闲理论，其主要观点如下：

（1）老年人身体机能的衰退、社会参与能力和意识的下降，形成了老年人自愿脱离社会的生理和心理基础。

（2）老年人脱离社会可以由老年人主动启动，如老年人主动降低社会参与频率；也可以由社会启动，如社会实施退休制度等。

（3）老年人脱离社会对老年人和社会均有利。一方面，老年人由于无法满足较高的生产能力和竞争能力的社会期待，继续参与社会生产和竞争容易产生较大的心理压力，而脱离社会，可以卸下职业角色负担，有利于保持良好的心态。另一方面，老年人脱离社会有利于年轻人继承社会财富、权利等，推动社会发展。

（4）老年人脱离社会具有普遍性和不可避免性。虽然不同老年人脱离社会的形式有所差异，但是所有老年人最终都会脱离社会。

2．活动理论

活动理论认为老年人应积极进行社会参与，通过社会参与重新认识自我、发挥自身作用，从而保持生命的活力。活动理论主张老年人用新角色来替代旧角色，从而尽可能缩小自身与社会的距离。例如，在退休后，老年人可以通过在家庭中扮演祖父母的角色（见图 1-1）替代在社会中失去的职业角色。

图 1-1　扮演祖父母的角色

同步案例

积极进行社会参与，享受幸福晚年生活

周爷爷在退休后，积极主动参与社区事务，关心照料小区内的高龄老年人，为他们提供方方面面的帮助，受到小区居民的广泛好评。看到丈夫在小区里做志愿者对大家的帮助很大，周爷爷的爱人徐奶奶也参与了进来。

周爷爷在小区里结对帮助的独居高龄老年人有 5 人，他会每两天给这些老年人打一次电话，掌握他们的情况，他还会不定时到他们家里去看望，及时了解他们的需求并为他们提供力所能及的帮助。周爷爷经常叮嘱这些老年人："您有什么事情一定要给我打电话。"某天，周爷爷给独居高龄老年人王奶奶打电话，电话无人接听。周爷爷迅速赶到王奶奶家，发现王奶奶跌倒在地，生命垂危。周爷爷立即拨打 120 寻求帮助，让王奶奶及时得救。

"照顾老年人其实是一个循环的责任。现在我们照顾高龄老年人，以后我们也会成为被照顾的高龄老年人。我希望自己可以做好敬老爱老的榜样，让这份温暖一直传递下去。"周爷爷说。

3．连续性理论

连续性理论认为老年人的生活方式在很大程度上受到个性的影响，原本个性就比较外向活泼者，进入老年期后会积极参与社会活动；而原本个性比较内向沉稳者，进入老年期后一般不热衷于参与社会活动。如果一个人在老年期仍能保持中年期的生活方式，那么他便会有一个幸福的晚年。因此，人们应根据自己的个性选择适合自己的生活方式，这是老年人对生活感到满意的基础。

4．老年亚文化群理论

老年亚文化群理论认为一些社会因素、文化因素等会使老年人和社会上的其他人产生隔离，而在具有共同特征（如相同的价值观、生活方式、兴趣等）的基础上，老年人之间会建立朋友关系，从而形成一个老年亚文化群（见图 1-2）。在老年亚文化群中，老年人会产生一种群体自豪感，更容易认识自我，社会认同感也会增强。

图 1-2　老年亚文化群

5．年龄分层理论

年龄分层理论将年龄划分为若干个年龄层，如青年、中年、老年等，一个年龄层的人称为同期群。年龄分层理论的主要观点如下：

（1）人从一个年龄层进入到另一个年龄层时，社会赋予他的角色、责任、期望等会发生相应变化。在总体上，同一年龄层的人总是承担某一角色。需要注意的是，达到某一年龄层的人并不一定要承担某种社会角色，而承担了某种社会角色的人也不一定达到了某一年龄层。

（2）不同的同期群有不同的经历，因此他们的老龄化形式也会有所不同。此外，在内在和外在因素的作用下，同期群内部成员存在能力的差异、角色的差异和期望的差异等。

6．符号互动理论

符号互动理论又称象征互动理论，其主要观点如下：

（1）精神、自我和社会不是分离的，而是人际符号互动的过程。精神、自我和社会的形成、发展都以符号的使用为先决条件。如果人不能使用符号，那么精神、自我和社会就处于一片混乱之中，或者说失去了存在的根据。

（2）人际符号主要是指语言，人主要通过语言认识自我、他人和社会。

（3）精神是人的自我互动过程，即人通过人际符号互动学习到了有意义的符号，然后用这种符号进行内向互动，发展自我。

（4）人在人际符号互动过程中逐渐学会在社会允许的限度内行动。

（5）个人的行为受自身对情境定义的影响。人对情境的定义表现在其解释所见所闻，赋予各种事物意义的过程中，这一解释过程或赋予意义过程，也是一种符号互动过程。

7．角色理论

角色理论的主要观点如下：

（1）每个人在一生中都扮演着不同的角色（如学生、子女、父母等），这些角色是个人与社会相互接纳的一种形式。社会通过角色赋予个人相应的权利、义务、责任和社会期望，同时这些角色也确定了个人的社会属性和行为特征。年龄的变化不仅改变了人们的角色，也改变了人们扮演角色的方式。老年人能否适应衰老过程取决于其能否适应老年期角色变化。

（2）老年人适应衰老的途径包括正确认识角色变化的客观必然性，积极进行社会参与，扮演新的角色等。

四、老年学的研究内容

老年学的研究内容非常广泛，涉及社会生活的各个方面，主要包括以下几个方面。

（一）老年人生理与心理

老年人生理与心理研究是老年学研究的基础。只有先了解老年人衰老的原因、生理系统变化、心理变化、常见的生理和心理疾病等，才能更深入地了解老年人及其相关知识。

（二）老年人社会关系

建立和维护良好的社会关系对老年人享受老年生活十分重要。老年人社会关系主要包括亲属关系、地缘关系、业缘关系和趣缘关系等。

（三）老年人社会参与

老年人积累了丰富的人生经验和智慧，这些宝贵的经验和智慧对社会发展有着重要价值。了解老年人社会参与的相关知识，有利于采取有效措施促进老年人社会参与，从而使他们丰富晚年生活，同时继续发光发热，为社会做贡献。

（四）老年人社会保障与权益保障

老年人社会保障与权益保障是社会发展中的一项重要任务，是提高老年人社会福利水平、促进社会公平与发展、维护老年人基本权益的重要途径。

（五）老年社会工作

开展老年社会工作有助于提高老年人的生活质量等。社区作为老年人主要的生活场所之一，是人们开展老年社会工作，促进老年人身心健康发展的重要阵地。

五、老年学的研究方法

（一）问卷调查法

问卷调查法是指运用统一设计的问卷向被调查者了解情况或征询意见的方法。调查者将所要研究的问题以书面形式呈现出来，以邮寄、当面提问或者追踪访问等方式让被调查者给出答案，从而了解相关情况或意见。

问卷调查法具有以下优点：① 能突破时间、空间的限制，收集大量被调查者的资料；② 具有匿名性，可减轻被调查者的心理压力，有利于他们如实回答问题；③ 与其他研究方法相比，成本较低；④ 具有标准化程度高的特点，可以保证调查内容的可比性，避免一些人为误差。

问卷调查法具有以下缺点：① 只能获得书面的信息，不能深入了解被调查者的具体情况；② 问卷的回收率和有效率难以保证；③ 被调查者的文化程度、理解能力、价值观等因素可能影响调查结果的准确性。

（二）访谈法

访谈法是指通过与被访谈者交谈，进行调查和收集资料的方法。采用访谈法时，访谈者在引导、提问、追询、记录及使用访谈工具的过程中，都要尊重被访谈者，且围绕所研究的问题，才能获得准确、完整的资料。图 1-3 为访谈者使用访谈法与被访谈者交流。

图 1-3　访谈者使用访谈法与被访谈者交流

访谈法具有以下优点：① 能够深入了解被访谈者的具体情况、想法等；② 对被访谈者的约束较小，有助于他们提供比较丰富的资料。

访谈法具有以下缺点：① 访谈所得到的资料主要基于被访谈者的自我认知，会有遗漏和偏差的现象；② 比较费时费力，不适合进行大规模的调查研究，也不适合进行量化分析；③ 对访谈者的访谈能力和信息处理能力有较高要求。

同步案例

问需求，解难题

某街道在对辖区内的老年人开展问卷调查、入户访谈后，了解到随着医院诊疗的智能化，许多老年人遇到不熟悉医院就诊流程、面对智能化设备手足无措等诸多难题。

在全面掌握辖区内老年人情况的基础上，该街道认真梳理并积极回应老年人的实际诉求，组织发动各方力量开展协调会商，研究解决方案。通过社会组织、大学生、社区志愿者三方联动，打造出一支专业的志愿服务团队，为辖区内老年人提供免费代配药、陪同就诊、心理关爱等服务。

（三）比较分析法

比较分析法是指根据一定的标准（如时间标准、空间标准等），对两个或两个以上有联系的事物进行对比，寻找其异同，探求普遍规律与特殊规律的方法。采用比较分析法，有利于对老龄问题的普遍性和特殊性、老龄问题与其他社会问题的共性和差异性等进行深入探讨。

比较分析法具有以下优点：① 通过两两比较而得出的结论更可靠和有效；② 有利于充分显示事物的矛盾，突出事物的本质特征，从而便于深入挖掘产生差异的原因。

比较分析法具有以下缺点：① 不适合比较分析事物数量多的情况；② 难以处理复杂情况，如涉及多个因素或指标间相互作用的情况。

（四）参与观察法

参与观察法是指观察者尽可能使自己成为被观察群体的成员，并避免自己的出现改变或影响群体的行为模式，经过亲身感受和观察，获取资料的方法。

参与观察法具有以下优点：① 观察者能够深入地了解被观察者的需求、生活方式和居住环境等，从而准确地了解被观察者的真实情况；② 观察者能够实地观察被观察者的行为，从而全面了解被观察者做出行为时的情境。

老年学的其他研究方法

参与观察法具有以下缺点：① 结果可能受观察者的主观感受所影响；② 对观察者的能力要求较高；③ 时间成本、人力成本较高。

任务实施

分析老年人社会调查案例

【任务背景】

2023 年 10 月 22 日，《重庆日报》发布的《重庆养老需求问卷调查》结果出炉，7 311 位重庆老年人参与了问卷调查。

调查数据显示，重庆老年人的日常生活内容丰富，继续工作、整理家务、帮子女照看孩子、和周边邻居聊天、逛街、看电视、跳舞、练太极等均是高分选项。有 34%的老年人曾经参加过志愿（义工）服务，在闲暇时间，45%的老年人愿意成为社区志愿者，另有 33.5%的老年人视情况而定。

在学习方面，老年人主要通过电视报纸、手机视频、书籍、社区会议讲座、老年兴趣团体、老年大学等渠道获取信息，近 88%的老年人认为老年人的精神生活非常重要或重要。

在健康方面，超过 60%的老年人患有高血压病、冠心病、糖尿病、骨质疏松症、慢性支气管炎、慢性胃炎、关节炎等。56.6%的老年人半年或一年进行一次体检，6.6%的老年人很多年没有体检过。

在就医习惯方面，选择“症状加重时去看病”“能不看就不去看”“从不看病”的老年人分别为 18.4%、14.5%、1.8%。

【实施要求】

（1）3～5 人一组，从中选出一名小组长，小组长负责本次活动的具体分工。

（2）阅读上述案例，并回答以下问题：

① 案例涉及老年学的哪些研究内容？

② 案例体现了问卷调查法的哪些优点？

③ 采用问卷调查法，还可以了解老年学哪些方面的内容？

④ 还可以采用哪些方法调查老年学的相关问题？

（3）整理上述问题的答案，并将答案整理成报告，报告形式为 Word 文档或 PPT。

（4）小组长进行课堂分享，教师进行点评。

任务二　认识人口老龄化

任务导入

如何应对人口老龄化

国家卫生健康委老龄健康司的数据显示，到 2035 年前后，我国老年人口将突破 4 亿，我国将进入重度老龄化阶段；到 2050 年前后，我国老年人口规模和比重、老年抚养比（老年人口与劳动年龄人口的百分比）和社会抚养比（非劳动年龄人口与劳动年龄人口的百分比）将相继达到峰值。老年人口持续增加、人口老龄化程度不断加深，给公共服务供给、社会保障制度可持续发展带来挑战。

有效应对人口老龄化问题，全国政协委员提出了以下一些意见和建议：

（1）建立老年人权益保护公益诉讼制度，切实维护老年人合法权益。

（2）加快推进“智慧医疗+”体系建设。

（3）全面推进社会适老化建设，构建老年友好型社会。

（4）整合资源，实现“全链式”智慧医养深度融合。

（摘编自：江迪、胡方玉、刘洋等，《全国政协委员建言养老事业发展——让所有老年人都能拥有幸福晚年》，《人民政协报》，2023 年 8 月 1 日）

思考：

（1）什么是人口老龄化？

（2）人口老龄化有哪些影响？

（3）我国关于人口老龄化的对策有哪些？

一、人口老龄化的定义

人口老龄化是指总人口中年轻人口逐渐减少、年长人口逐渐增加而导致的老年人口比例上升的态势。国际上一般认为，一个国家或地区 60 岁及以上老年人口占总人口的 10%，或 65 岁及以上老年人口占总人口的 7%，标志着该国家或地区已进入老龄化的行列。

人口老龄化是社会发展的重要趋势，是人类文明进步的体现，是由人口出生率下降、寿命延长引起的。随着社会经济的发展和生育观念的转变，人口出生率逐步降低，新出生人口相对减少；而医疗技术的提高和公共卫生条件的改善，使得人均寿命延长，老年人口相对增多。

二、人口老龄化的衡量指标

（一）程度指标

衡量人口老龄化程度的指标有多种，常用的有以下几种。

1．老年人口系数

老年人口系数又称老年人口比重，是指某个国家或地区老年人口与总人口的百分比，计算公式如下：

$$\text{老年人口系数}=\frac{60\text{（或}65\text{）岁及以上人口}}{\text{总人口}}\times 100\%$$

老年人口系数能直观地表现人口老龄化程度，是衡量人口老龄化程度最直接、最常用的指标。

2．老少比

老少比是指某个国家或地区老年人口与少儿人口（14 岁及以下人口）的百分比，反映了人口年龄结构上下两端的相对变化趋势，可用于辨别人口老龄化进程是由老年人口增减导致的，还是由少儿人口增减导致的。

3．平均年龄和年龄中位数

平均年龄是指某个国家或地区所有人口年龄的平均值，年龄中位数是指某个国家或地区人口年龄的中位数。平均年龄和年龄中位数均反映了年龄的集中趋势，它们的上升意味着人口老龄化程度加剧。

（二）速度指标

人口老龄化速度指标主要包括老年人口增长率和老龄化率。

1．老年人口增长率

老年人口增长率表示老年人口的变化速度，计算公式如下：

$$\text{老年人口增长率}=\left(\frac{\text{期末老年人口系数}}{\text{期初老年人口系数}}-1\right)\times 100\%$$

课堂互动

如果一个地区去年年底的总人口和老年人口分别为 1 390 万和 150 万，今年年底的总人口和老年人口分别为 1 400 万和 156 万，那么该地区的老年人口增长率是多少？

2．老龄化率

老龄化率是指某个国家或地区老年人口增长率与总人口增长率的百分比，反映了老年人口在总人口中的发展速度。老龄化率大于 1，表示人口趋向老龄化；反之，则表示人口趋向年轻化。

三、人口老龄化的影响

（一）对经济的影响

人口老龄化对经济的影响主要体现为对劳动力、劳动生产率、经济资源配置、产业结构等方面的影响。

1．劳动力

劳动力是指年满 16 岁，有劳动能力，参加或要求参加社会经济活动的人口。人口老龄化对劳动力的影响主要体现在以下两个方面：

（1）劳动力数量。人口老龄化会导致劳动年龄人口和非劳动年龄人口的百分比下降，劳动力数量减少，不利于经济发展中劳动供给的增加。

小贴士

劳动供给是指在一定劳动报酬的条件下，劳动者为社会实际提供或愿意提供的劳动数量。

（2）劳动力成本。人口老龄化会导致很多用人单位出现大量的岗位空缺，这些用人单位要想获得合适的人才，就必须提高岗位薪资，进而导致劳动力成本上升，用人单位的经营成本增加。

2．劳动生产率

劳动生产率是指劳动的生产效率，用单位时间内生产某种产品的数量或者生产单位产品所需要的劳动时间来表示。不同年龄劳动者的生产效率有较大差异，一般而言，老年劳动者的生产效率低于青年和中年劳动者的生产效率。人口老龄化会影响社会劳动生产率的提高速度，从而影响经济增长速度。

3．经济资源配置

人口老龄化会导致老年人口占用更多的经济资源，需要政府、社会组织、家庭等给老年人提供更多的资金支持。

4．产业结构

人口老龄化导致老年人口成为越来越重要的消费群体，家庭和社会对老年消费品的需求上升，从而使社会的产业结构发生重大变化，银发经济（专门为老年人提供产品和服务的产业）成为促进经济发展的重要方面。

政策引领

大力发展银发经济

《“十四五”国家老龄事业发展和养老服务体系规划》在大力发展银发经济方面，提出了以下要求。

1．发展壮大老年用品产业

（1）加强老年用品研发制造。大力开发满足老年人衣、食、住、行等需求的老年生活用品。针对不同生活场景，重点开发适老化家电、家具、洗浴装置、坐便器、厨房用品等日用产品以及智能轮椅、生物力学拐杖等辅助产品，推广易于抓握的扶手等支撑装置以及地面防滑产品、无障碍产品，发展老年益智类玩具、乐器等休闲陪护产品。针对机构养老、日间托养、上门护理等需求，重点开发清洁卫生、饮食起居、生活护理等方面产品，提升成人尿裤、护理垫、溃疡康复用品等产品的适老性能，发展辅助搬运、翻身、巡检等机器人。发展老年人监护、防走失定位等产品。

（2）促进优质产品应用推广。制修订一批关键急需的老年用品和服务技术标准，促进质量提升，规范市场秩序，引导消费者正确选择和使用。建立老年用品产品目录，适时进行评估并动态调整。对自主研发、技术领先、市场认可的产品，优先纳入升级和创新消费品指南。在有条件的街道、社区，发展嵌入式康复辅助器具销售和租赁网点，提供用品展示、预约使用、指导教学、售后维修、回收利用等服务。

（3）鼓励发展产业集群。鼓励国内外多方共建特色养老产业合作园区，加强市场、规则、标准方面的软联通，打造制造业创新示范高地。优先培育一批带动力强、辐射面广的龙头企业，打造一批产业链长、覆盖领域广、经济社会效益显著的产业集群，形成一批具有国际竞争力的知名品牌，推动我国相关产业迈向全球价值链中高端。

2．促进老年用品科技化、智能化升级

（1）强化老年用品的科技支撑。加快推进互联网、大数据、人工智能、第五代移动通信（5G）等信息技术和智能硬件在老年用品领域的深度应用。支持智能交互、智能操作、多机协作等关键技术研发，提升康复辅助器具、健康监测产品、养老监护装置、家庭服务机器人、日用辅助用品等适老产品的智能水平、实用性和安全性，开展家庭、社区、机构等多场景的试点试用。

（2）加强老年科技的成果转化。利用现有资金渠道，支持老年用品关键技术和产品研发、成果转化、服务创新及应用推广，促进产业创新。支持在老年用品领域培育国家技术创新示范企业、“专精特新”企业、制造业单项冠军企业等，加强产学研用协同创新和关键共性技术产业化。加强老年用品领域知识产权保护，依法保护相关专利、商标和商誉等合法权益。

（3）发展健康促进类康复辅助器具。加快人工智能、脑科学、虚拟现实、可穿戴等新技术在健康促进类康复辅助器具中的集成应用。发展外骨骼康复训练、认知障碍评估和训练、沟通训练、失禁康复训练、运动肌力和平衡训练、老年能力评估和日常活动训练等康复辅助器具。发展用药和护理提醒、呼吸辅助器具、睡眠障碍干预以及其他健康监测检测设备。

（4）推广智慧健康养老产品应用。针对老年人康复训练、行为辅助、健康理疗和安全监护等需求，加大智能假肢、机器人等产品应用力度。开展智慧健康养老应用试点示范建设，建设众创、众包、众扶、众筹等创业支撑平台，建立一批智慧健康养老产业生态孵化器、加速器。编制智慧健康养老产品及服务推广目录，完善服务流程规范和评价指标体系，推动智慧健康养老规范化、标准化发展。

3．有序发展老年人普惠金融服务

促进和规范发展第三支柱养老保险。支持商业保险机构开发商业养老保险和适合老年人的健康保险，引导全社会树立全生命周期的保险理念。引导商业保险机构加快研究开发适合居家护理、社区护理、机构护理等多样化护理需求的产品。研究建立寿险赔付责任与护理支付责任转换机制，支持被保险人在失能时提前获得保险金给付，用于护理费用支出。支持老年人住房反向抵押养老保险业务发展。积极推进老年人意外伤害保险。鼓励金融机构开发符合老年人特点的支付、储蓄、理财、信托、保险、公募基金等养老金融产品，研究完善金融等配套政策支持。加强涉老金融市场的风险管理，严禁金融机构误导老年人开展风险投资。

（摘编自：《国务院关于印发“十四五”国家老龄事业发展和养老服务体系规划的通知》，中国政府网，2022年2月21日）

（二）对政治的影响

国家为降低人口老龄化对经济发展的影响，促进经济高质量发展，在制定各种政策、法规时，会充分考虑人口老龄化的情况。此外，人口老龄化也会推动与老年人相关的政策、法规的制定和完善。

（三）对文化的影响

人口老龄化对文化的影响主要体现在以下两个方面。

1. 文化反哺现象突出

老年人的学习能力和社会适应能力下降，在社会飞速发展的今天，许多老年人逐渐跟不上时代的步伐，需要向后辈学习新的知识和技能，如学习如何使用电子产品（见图 1-4）。这种年轻一代向年长一代进行文化传递的现象称为文化反哺。人口老龄化使得文化反哺现象更加突出。

图 1-4　老年人学习如何使用电子产品

孝亲敬老

扶“银发族”跨越“数字鸿沟”

60 岁的江奶奶向邻居展示自己的新手机，苦恼地说：“这些功能大多是摆设，除了打电话、发微信，别的我几乎没用过。年轻人随便点几下屏幕就能打车、买菜，我也想学学！”江奶奶的想法，也是数字时代无数老年人的想法。

近年来，数字技术的飞速发展，让部分“银发族”跟不上时代步伐。为帮助老年人跨越“数字鸿沟”，某街道邀请年轻人为辖区内的老年人上了一堂数字知识课。“叔叔阿姨好！你们别急着记笔记，我们先学如何打开手机备忘录，如何不用纸笔也能记录事情！”北京开放大学教师曹老师开门见山，带领老年人解锁了智能手机基础功能。“学生们”纷纷戴上老花镜，认真地学起来。

“课前，我跟几位叔叔阿姨聊天，发现大家都喜欢唱歌、跳舞、旅游，那现在我就教大家如何拍出好看的照片，把我们美好的生活分享给更多人。”曹老师走到老年人中间，手把手教他们如何在相机中调出参考线，如何调整焦距……在曹老师的教授下，他们拍的照片清晰了不少。

“小伙子，怎么调节相机亮度？”“我拍的照片怎么比他的暗？”“能不能再教教我怎么修照片？”……面对各种问题，曹老师一一耐心解答。曹老师说：“教老年人学习不能着急，要把每个步骤详细讲解多次，他们才可能完全掌握。我们要用耐心和爱心向老年人传授新知识，扶老年人一步步跨越‘数字鸿沟’。”

（摘编自：何蕊，《扶银发族跨越“数字鸿沟”》，《北京日报》，2022 年 12 月 22 日）

2. 对公共文化服务提出更多要求

人口老龄化对公共文化服务提出了更多要求，具体如下：① 大力建设老年友好型公共文化服务设施，如老年活动中心、无障碍设施（见图 1-5）等；② 提供符合老年人多元化需求的文化产品和服务；③ 为老年人提供多样化的心理健康服务，如心理健康教育、心理疏导等；④ 提高与老年人有关的公共文化服务的质量和效率。

图 1-5　无障碍设施

（四）对社会的影响

老年人口增多和劳动年龄人口减少，导致老年抚养比提高，在不考虑其他因素的情况下，这必然会加重社会的养老负担。此外，在人口老龄化程度日益加深的背景下，失能失智老年人数量也在不断增加。老年人健康和照料服务的需求呈现出快速上升的趋势，导致社会对满足老年人健康和照料服务需求的压力增大。

四、我国人口老龄化现状

（一）人口老龄化速度快

《2022 年度国家老龄事业发展公报》（以下简称《公报》）显示，2012—2022 年我国 60 岁及以上老年人口数量及老年人口比重不断上升，如图 1-6 所示。

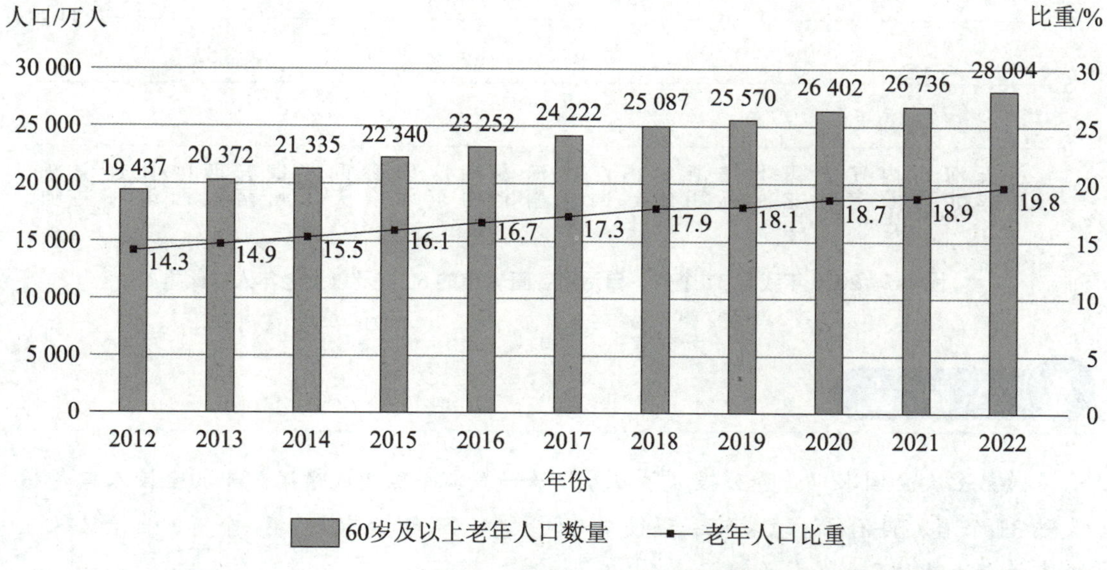

图 1-6　2012—2022 年我国 60 岁及以上老年人口数量及老年人口比重

由图 1-6 可知，2012—2022 年，我国老年人口比重增长了 5.5%，人口老龄化速度较快。

（二）老年人口数量多

由图 1-6 可知，我国老年人口多且总体呈上升趋势。此外，《公报》显示，截至 2022 年末，我国 60 岁及以上老年人口达 28 004 万人，占总人口的 19.8%，其中 65 岁及以上老年人口达 20 978 万人，占总人口的 14.9%。

（三）人口老龄化程度城乡差异和地区差异大

1. 人口老龄化程度城乡差异大

从全国看，农村 60 岁、65 岁及以上老年人口比重分别为 23.81%、17.72%，比城镇分别高 7.99%、6.61%。老年人口比重的城乡差异，与人口流动也有密切关系。

2. 人口老龄化程度地区差异大

我国各地区社会经济发展水平不同，出生率、死亡率和迁移率存在差异，导致各地的人口老龄化程度差异明显。根据《第七次全国人口普查公报（第五号）——人口年龄构成情况》，2020 年我国 31 个省、自治区、直辖市的 60 岁及以上老年人口比重如图 1-7 所示。

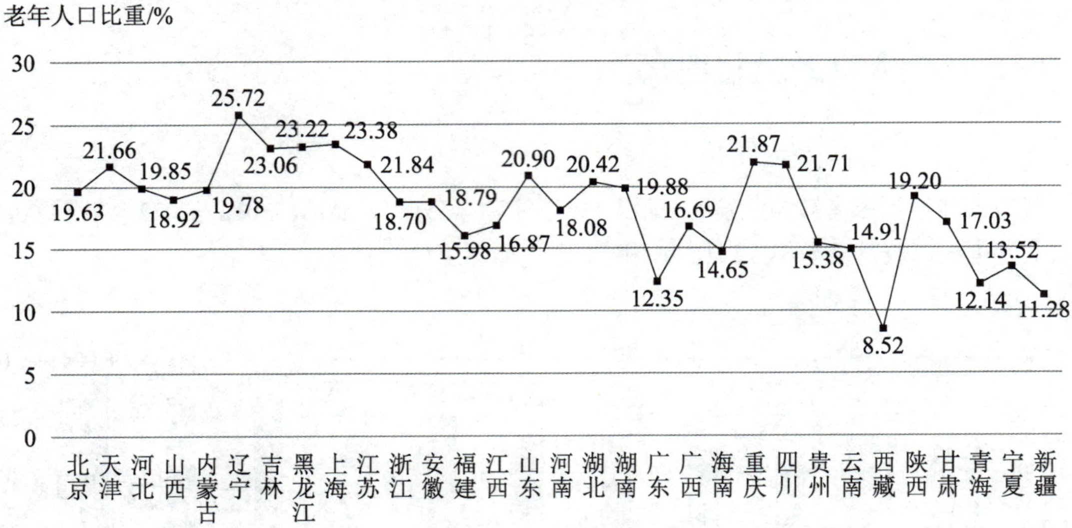

图 1-7　2020 年我国 31 个省、自治区、直辖市的 60 岁及以上老年人口比重

小贴士

《第七次全国人口普查公报（第五号）——人口年龄构成情况》中的全国人口是指大陆 31 个省、自治区、直辖市和现役军人的人口，不包括居住在 31 个省、自治区、直辖市的港澳台居民和外籍人口。

由图 1-7 可知，不同地区的老年人口比重差异较大，其中，老年人口比重最小的地区是西藏，老年人口比重最大的地区是辽宁，两者之间相差 17.2%。

（四）老年人口质量不断提高

根据第七次人口普查数据，2020 年我国 60 岁及以上老年人口中，拥有高中及以上文化程度的人口有 3 669 万人，比 2010 年增加了 2 085 万人；拥有高中及以上文化程度的老年人口占老年总人口的 13.9%，比 2010 年提高了 4.98%。

五、我国关于人口老龄化的对策

《国家积极应对人口老龄化中长期规划》指出人口老龄化是今后较长一段时期我国的基本国情，强调积极应对人口老龄化是贯彻以人民为中心的发展思想的内在要求，是实现经济高质量发展的必要保障，是维护国家安全和社会和谐稳定的重要举措，同时明确了积极应对人口老龄化的战略目标，并从以下 5 个方面部署了应对人口老龄化的具体工作任务。

（一）夯实应对人口老龄化的社会财富储备

（1）通过扩大总量、优化结构、提高效益，实现经济发展与人口老龄化相适应。

（2）通过完善国民收入分配体系，优化政府、企业、居民之间的分配格局，稳步增加养老财富储备。

（3）健全更加公平更可持续的社会保障制度，持续增进全体人民的福祉水平。

（二）改善人口老龄化背景下的劳动力有效供给

（1）通过提高出生人口素质、提升新增劳动力质量、构建老有所学的终身学习体系，提高我国人力资源整体素质。

（2）推进人力资源开发利用，实现更高质量和更加充分就业，确保积极应对人口老龄化的人力资源总量足、素质高。

（三）打造高质量的为老服务和产品供给体系

（1）积极推进健康中国建设，建立和完善包括健康教育、预防保健、疾病诊治、康复护理、长期照护、安宁疗护的综合、连续的老年健康服务体系。

（2）健全以居家为基础、社区为依托、机构充分发展、医养有机结合的多层次养老服务体系，多渠道、多领域扩大适老产品和服务供给，提升产品和服务质量。

同步案例

医养结合，助力老年人健康

推进医养结合是优化老年健康体系和养老服务供给的重要举措，是积极应对人口老龄化、增强老年人获得感和提高老年人满意度的重要途径。天津和平区在推进医养结合方面采取了以下措施：

（1）实施关爱行动，打造居家医养结合服务。全区28支家庭医生服务团队、58名家庭医生，充分发挥健康守门人作用，开展“关爱老年人健康行动”。按照年龄和健康状况将老年人分为重点和次重点人群，提供分类管理服务。对有需求的高龄失能老年人，提供“一对一”的健康监测、入户诊疗、送药上门、药品指导、健康随访等服务。

（2）整合服务资源，打造社区医养结合服务。围绕老年人常见病、慢性病和就医需求，扎实推进基层医疗机构建设，打造“一中心一特色专科”，满足老年人不出社区即可享受到高水平、专业化、多层次的健康服务需求。驻区三甲医院、社区卫生服务中心和民营医疗机构以老年日间照料服务中心等社区设施为阵地，为老年人开展慢病防治、应急救护等健康讲座和义诊服务。参与全国老年人心理关爱项目，为老年人开展认知障碍筛查、心理健康知识讲座等服务，提升老年人心理健康水平。打造集日间照料、助浴助餐、医疗卫生、应急服务、远程监护等功能为一体的社区“嵌入式”养老服务，指导街道成立社会化运营的“嵌入式”养老服务机构，构筑养老不离家、离家不离社区的新型养老模式。

（3）深化专业照护，打造机构医养结合服务。全区二级及以上公立综合性医院全部开设老年医学科。社区卫生服务中心发挥中医药特色，为老年人提供中医诊疗、中药方剂、治未病、中医药适宜技术等服务，与养老机构签约定期提供家医签约、老年体检、健康管理、药品保障、巡诊等服务。医养结合机构为老年人开展康复训练、中药调理、针灸推拿、仪器治疗等专业养老和医疗护理服务，为有需求的重症临终老年人提供安宁疗护服务，为老年人提供认知障碍照护和社会工作专业服务。

（摘编自：《和平区积极构建老年健康服务体系推动医养结合创新发展》，天津市和平区人民政府官网，2023年11月6日）

（四）强化应对人口老龄化的科技创新能力

（1）深入实施创新驱动发展战略，把技术创新作为积极应对人口老龄化的第一动力和战略支撑，全面提升国民经济产业体系智能化水平。

（2）提高老年服务科技化、信息化水平，加大老年健康科技支撑力度，加强老年辅助技术研发和应用。

同步案例

科技助老

某养老机构通过科技赋能智慧养老新模式，不断提升养老服务水平，让“养老”变为“享老”。该养老机构采取的科技助老措施如下：

（1）将老年人的体温、血压数据等统一上传到智慧平台。每位老年人的床上都安装了芯片，护理员只需用手机扫描，就能知道老年人的护理需求，包括是否需要如厕、洗浴、剪指甲（见图 1-8）等，同时相关数据会在智慧平台上实时更新，帮助护理员真正做到照护“无死角”。

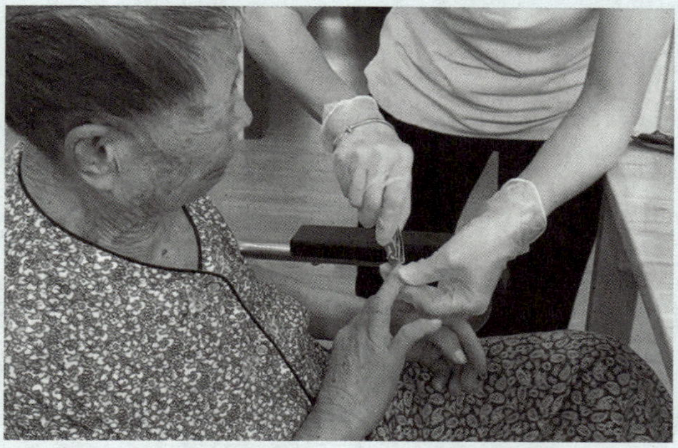

图 1-8　剪指甲

（2）为解决失智老年人照护难题，该养老机构采用“人防+技防”的最优组合，为失智老年人照护床位配置了智能床垫。护理员无须守在监控前便能实现 24 小时全天候无感知监护，从而可将时间和精力放在更细致的养老服务上。

（3）设置互联网医院云诊室，让老年人“足不出户”就能就诊；同时，在机构内安装生命感知检测仪、防摔感应器，为老年人的安全添上多重屏障。

（摘编自：项竹彦、王佩永，《点菜系统、智能床垫……金山开启智慧养老新模式》，人民网，2023 年 12 月 11 日）

（五）构建养老、孝老、敬老的社会环境

（1）强化应对人口老龄化的法治环境，保障老年人合法权益。

（2）构建家庭支持体系，建设老年友好型社会，形成老年人、家庭、社会、政府共同参与的良好氛围。

小贴士

党的二十大报告指出，实施积极应对人口老龄化国家战略，发展养老事业和养老产业，优化孤寡老人服务，推动实现全体老年人享有基本养老服务。

任务实施

制作“人口老龄化国情教育”宣传视频

【任务背景】

人口老龄化是社会发展的重要趋势，开展人口老龄化国情教育，是积极应对人口老龄化行动的重要举措，有利于营造全社会关心、支持、参与积极应对人口老龄化的良好氛围，增强全社会应对人口老龄化的主动性、针对性、自觉性。

《国家积极应对人口老龄化中长期规划》图解

【实施要求】

（1）3～5 人一组，从中选出一名小组长，小组长负责本次活动的具体分工。

（2）小组成员搜集有关我国人口老龄化的资料，结合所学知识，以人口老龄化形势教育为主要内容，制作“人口老龄化国情教育”的宣传视频。视频时长以 3～6 分钟为宜。视频中应包括以下要点：

① 人口老龄化的定义。

② 我国人口老龄化的基本情况、主要特点、发展历程、影响等。

③ 我国关于人口老龄化的政策法规，如《国家积极应对人口老龄化中长期规划》《“十四五”国家老龄事业发展和养老服务体系规划》等。

④ 我国在应对人口老龄化过程中取得的重大成就。

（3）各小组在课堂上展示视频，教师进行点评。

学习成果自测

1. 填空题

（1）生物学理论主要从遗传、生理等角度分析人衰老的原因，包括__________和__________。

（2）__________是根据一定的标准，对两个或两个以上有联系的事物进行对比，寻找其异同，探求普遍规律与特殊规律的方法。

（3）__________是指观察者尽可能使自己成为被观察群体的成员，并避免自己的出现改变或影响群体的行为模式，经过亲身感受和观察，获取资料的方法。

（4）__________是指总人口中年轻人口逐渐减少、年长人口逐渐增加而导致的老年人口比例上升的态势。

（5）__________是指某个国家或地区老年人口与总人口的百分比。

2. 选择题

（1）（　　）认为老年期的生活方式在很大程度上受到个性的影响，原本个性就比较外向活泼者，进入老年期后会积极参与社会活动；而原本个性比较内向沉稳者，进入老年期后一般不热衷于参与社会活动。

A. 脱离理论　　B. 活动理论
C. 连续性理论　　D. 老年亚文化群理论

（2）下列选项中，不属于问卷调查法的缺点的是（　　）。

A. 与其他研究方法相比，成本较低
B. 问卷的回收率和有效率难以保证
C. 只能获得书面的信息，不能深入了解被调查者的具体情况
D. 被调查者的文化程度、理解能力、价值观等因素可能影响调查结果的准确性

（3）（　　）是指某个国家或地区老年人口增长率与总人口增长率的百分比，反映了老年人口在总人口中的发展速度。

A. 老少比　　B. 老年人口增长率
C. 年龄中位数　　D. 老龄化率

（4）下列选项中，属于人口老龄化对经济的影响的是（　　）。

A. 劳动力成本降低
B. 文化反哺现象突出
C. 对公共文化服务提出更多要求
D. 影响劳动生产率的提高速度

（5）下列选项中，属于我国人口老龄化现状的是（　　）。

A. 人口老龄化速度较慢
B. 老年人口数量多
C. 人口老龄化程度城乡差异小
D. 人口老龄化程度地区差异小

3. 简答题

（1）简述老年学的社会功能。
（2）老年学的研究内容有哪些？
（3）简述我国关于人口老龄化的对策。

学习成果评价

请进行学习成果评价，并将评价结果填入表 1-1 中。

表 1-1　学习成果评价表

<table>
<tr><td>班级</td><td colspan="2"></td><td>姓名</td><td colspan="2"></td></tr>
<tr><td>学号</td><td colspan="2"></td><td>指导教师</td><td colspan="2"></td></tr>
<tr><td>项目名称</td><td colspan="5">老年学概述</td></tr>
<tr><td>评价项目</td><td colspan="2">评价内容</td><td>分值</td><td>自我评分</td><td>教师评分</td></tr>
<tr><td rowspan="5">知识
（40%）</td><td colspan="2">老年学的定义、社会功能和主要理论</td><td>8</td><td></td><td></td></tr>
<tr><td colspan="2">老年学的研究内容和研究方法</td><td>8</td><td></td><td></td></tr>
<tr><td colspan="2">人口老龄化的定义和衡量指标</td><td>8</td><td></td><td></td></tr>
<tr><td colspan="2">人口老龄化的影响</td><td>8</td><td></td><td></td></tr>
<tr><td colspan="2">我国人口老龄化现状和关于人口老龄化的对策</td><td>8</td><td></td><td></td></tr>
<tr><td rowspan="2">技能
（40%）</td><td colspan="2">能够运用老年学的研究方法研究与老年学相关的问题</td><td>20</td><td></td><td></td></tr>
<tr><td colspan="2">能够普及人口老龄化的相关知识</td><td>20</td><td></td><td></td></tr>
<tr><td rowspan="4">素养
（20%）</td><td colspan="2">具备良好的学习态度</td><td>5</td><td></td><td></td></tr>
<tr><td colspan="2">具备团队精神</td><td>5</td><td></td><td></td></tr>
<tr><td colspan="2">培养科学、严谨的工作态度</td><td>5</td><td></td><td></td></tr>
<tr><td colspan="2">培养尊老、敬老的良好品质</td><td>5</td><td></td><td></td></tr>
<tr><td colspan="3">合计</td><td>100</td><td></td><td></td></tr>
<tr><td colspan="3">总分（自我评分×40%+教师评分×60%）</td><td colspan="3"></td></tr>
<tr><td>自我评价</td><td colspan="5"></td></tr>
<tr><td>教师评价</td><td colspan="5"></td></tr>
</table>

项目二
老年人生理与心理

项目引言

由于年老和体弱，老年人在生理与心理上会出现多种变化，易患各种疾病，从而影响身心健康。了解老年人的生理与心理变化以及常见疾病，有助于对老年人进行健康教育和健康管理，帮助老年人延缓衰老进程、促进身心健康。

知识目标

- 了解衰老的相关知识。
- 掌握老年人的生理系统变化和常见的老年人疾病。
- 掌握老年人的心理变化和常见的老年人心理障碍。
- 了解中国健康老年人标准。
- 熟悉老年人健康教育和老年人健康管理。

素质目标

- 通过学习老年人的生理变化与心理变化的相关知识，树立尊重、理解老年人的意识。
- 通过学习保持老年人身心健康的相关知识，培养认真、细心、耐心服务老年人的工作态度。

任务一　了解老年人生理

任务导入

关爱患病老年人

针对老年人尤其是高龄老年人抗病能力差、合并疾病多、疾病复发率高等特点，X医院老年病科加大了中医治疗力度，通过中药封包、耳穴压豆、穴位注射，以及针灸推拿等方式促进老年人身体康复；同时，该科还根据不同时间，配合“三九贴”或“三伏贴”穴位贴药疗法，增强老年人的抵抗力。

谭奶奶有多年冠心病、糖尿病病史。某天，谭奶奶因感冒吃药后，出现血糖值不稳定、心脏不适的情况。谭奶奶便联系了X医院老年病科的医生。医生考虑到谭奶奶患有慢性病，感染呼吸系统疾病后有可能加重病情，因此在对谭奶奶进行初步诊断后，让谭奶奶住院治疗。经过一周的治疗，谭奶奶的症状得到缓解，各项指标均趋于正常。谭奶奶在出院前，对医生表示了感谢：“我是这里的老病号了，在这里每次都能得到很好的照顾，病情也缓解了。我很感谢大家！”

思考：

（1）老年人的机体变化有哪些？

（2）常见的老年人疾病有哪些？

一、衰老

衰老是在生命过程中，人体的形态、结构和生理功能等逐渐衰退现象的总称，是人体生命过程的自然规律。

（一）衰老的特点

衰老具有以下特点：

（1）普遍性。衰老是一个普遍现象，每个人都会衰老。

（2）内因性。衰老是发生于人体内部的一种自然现象，而不是由外部因素（如辐射）导致的，但会受到外部因素的影响。

（3）渐进性。在大多数情况下，衰老是随着人的年龄增长循序渐进发展的，其结果不是突然出现的。

（4）差异性。受个人情况、家庭情况、生活环境和社会环境等因素的影响，不同人的衰老速度有所差异。

（5）有害性。衰老会导致人的生理功能衰退、人对环境的适应能力降低、人患病和死亡的风险提高，对人的生命质量和生活质量产生影响。

（6）单向性。衰老过程是单向的，无法逆转。

（二）衰老的类型

衰老可分为生理性衰老和病理性衰老两种类型，但在现实中，很难严格区分生理性衰老和病理性衰老。

1．生理性衰老

生理性衰老是指随着年龄的增长，人的生理机能和形态等方面出现退行性变化，对人体内部和外部环境适应能力逐渐减弱，直至人死亡。人的生理性衰老主要表现如下：① 人体结构成分变化，如水分减少、脂肪比例增加等；② 细胞数量减少；③ 器官功能衰退，主要表现为各器官的储备能力、适应能力、抵抗能力减弱；④ 代谢失调。

2．病理性衰老

病理性衰老是指由各种因素导致机体与外在环境间失去平衡，引发病理性变化，促使衰老速度加快或程度加剧。病理性衰老往往伴随着各种各样的疾病，容易缩短人的寿命。

二、老年人的生理系统变化

老年人的各个生理系统会随着年龄的增长出现一系列有规律的变化，从而使生理功能发生变化。老年人的生理系统变化主要包括以下几个方面。

（一）神经系统变化

神经系统是人体内调节器官活动和适应外界环境的全部神经结构的总称，主要由脑、脊髓，以及附于脑和脊髓的神经组成。脑和脊髓组成中枢神经系统，周围的神经称为周围神经系统。

神经系统衰老会导致人体各个系统衰老，而各个系统衰老又会对神经系统造成进一步损害，形成一个相互影响的恶性循环。老年人神经系统变化的主要表现如下：

（1）脑神经细胞逐渐衰老，可能导致老年人认知功能和运动功能减退，出现记忆力下降、平衡感下降等情况，增加患阿尔茨海默病、帕金森病等疾病的风险。

小贴士

帕金森病又称震颤麻痹，主要症状为双手搓丸样震颤、肌肉强直、动作缓慢、姿势和步态异常等。

（2）某些神经递质数量减少，可能导致老年人睡眠节律改变（如日夜颠倒）、睡眠质量下降（如入睡困难、深度睡眠时间短）、反应迟钝等。

（二）运动系统变化

运动系统由骨、关节和骨骼肌组成，具有支持人体进行各种运动、支持人体外形和重量，以及保护人体内脏的功能。老年人运动系统变化的主要表现如下：

（1）骨的弹性和韧性降低、硬度和脆性增强，导致老年人容易患骨质疏松症、骨折（见图 2-1）等。骨的新陈代谢减缓，导致老年人骨的修复与再生能力逐渐下降，老年人在发生骨折后所需的恢复时间较长。

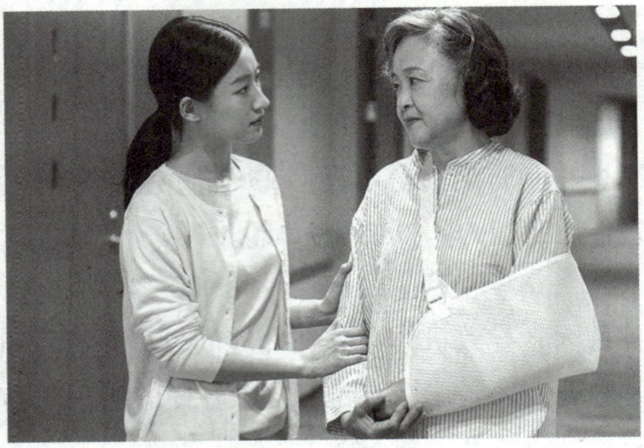

图 2-1　骨折

（2）软骨组织变硬、变薄，关节腔间隙变窄，关节滑液分泌减少等，可能导致老年人出现关节疼痛、僵硬等情况。

（3）骨骼肌的弹性降低、收缩力减弱，肌力下降，导致老年人行动缓慢、易疲劳等。

同步案例

老年人跌倒后骨折

李爷爷平时喜欢在自己家的院子里种植一些花草。某天，李爷爷在修剪花草时，不小心跌倒在地，起身后感觉腿部轻微疼痛。他以为休息几天就会好转，便没有去医院就诊。

然而，一天后，李爷爷的腿部疼痛非但没有好转，反而愈发严重。李爷爷疼得无法自行下床。他意识到自己的情况比较严重，便立即前往医院就诊。医生对李爷爷进行相关检查后确定李爷爷的髋部发生了骨折，需要进行人工关节置换手术。这个结果让李爷爷感到非常沮丧，他伤心地说道："平时我身体非常健壮，怎么跌倒了一下，伤情会如此严重？"

（三）心血管系统变化

心血管系统是输送血液的器官和管道的总称，包括心脏和血管（包括动脉、毛细血管和静脉）。老年人心血管系统变化的主要表现如下：

（1）心肌逐渐萎缩、收缩力减弱等，会导致心率减慢，心排血量减少，心脏输送到各个器官的血流量减少，各个器官的功能受到影响。老年人因此易出现心律失常、心力衰竭等情况。

（2）血管硬化，会导致血流阻力增加，某些器官的血流量减少；血管腔变窄，会导致血流速度减慢或中断，某些组织细胞坏死。老年人因此易患高血压病、冠心病等疾病。

（四）消化系统变化

消化系统是所有消化器官的总称，是为人体提供食物性营养的系统，包括口腔、咽、食管、胃、小肠、大肠等，以及开口于消化管各段的消化腺，如唾液腺、肝脏和胰腺等。老年人消化系统变化的主要表现如下：

（1）口腔老化：① 牙龈萎缩使牙根外露，牙齿松动、敏感；② 唾液腺萎缩，唾液分泌减少，唾液淀粉酶减少，导致老年人易口干、吞咽困难，不易消化和吸收食物；③ 咀嚼肌萎缩，咀嚼功能减退，影响老年人对食物的消化；④ 舌的味蕾减少，味觉减退，影响老年人的食欲。

（2）食管肌肉萎缩，收缩力减弱，使食物通过食管到胃的时间延长，同时食管黏膜失去弹性，导致老年人易患反流性食管炎等疾病。

（3）胃、肠分泌消化液减少，胃、肠蠕动减慢，胃、肠消化功能减退，粪便在肠道内的滞留时间延长，导致老年人易出现消化不良、便秘等情况。

（4）肝脏的体积变小、重量减轻、解毒能力下降、药物代谢速度减慢，导致老年人易患药物性肝损害。胆囊壁和胆管壁变厚、弹性降低，胆汁中胆固醇含量增加，导致老年人易患胆囊炎、胆石症等。

（5）胰腺萎缩，分泌胰液减少，导致老年人不易消化和吸收淀粉、蛋白质、脂肪等。

同步案例

老年人吃螃蟹过量不慎住院

董奶奶身体健康，爱吃螃蟹。某天，董奶奶的女儿带了许多螃蟹去看望她。女儿认为董奶奶的身体健康，便没有控制董奶奶吃螃蟹的数量。当天晚上，董奶奶就开始腹泻。第二天，董奶奶又出现了呼吸困难、胸闷气短的症状，女儿立即将她送到医院。

董奶奶到医院时，已经出现神志模糊、反应迟钝等症状，病情十分严重。医生检查后表示董奶奶是因为消化系统功能衰退，一次性吃大量螃蟹后，胃、肠消化吸收较差而引起腹泻、过敏和感染，并引发严重心力衰竭。

（五）呼吸系统变化

呼吸系统是人与外界空气进行气体交换的一系列器官的总称，由呼吸道（包括鼻、咽、喉、气管、支气管等）和肺组成。老年人呼吸系统变化的主要表现如下：

（1）鼻腔对空气的过滤、加温、加湿等能力下降，使呼吸道整体防御功能减退，导致老年人易患下呼吸道感染疾病。气管、支气管的防御和清除能力下降，导致老年人易患支气管炎。

（2）肺活量降低，残气量和功能残气量增多，换气效率降低，导致老年人易出现呼吸困难、气短等情况。

小贴士

残气量是指用力呼气末肺内残存的气体量。

功能残气量是指平静呼吸时，每次呼气末肺内残存的气体量。

（六）泌尿系统变化

泌尿系统是泌尿、输尿、储尿和排尿等器官的总称，包括一对肾、两条输尿管、一个膀胱和一条尿道。泌尿系统代谢功能正常是维持人体内环境稳定的基本保证，老年人泌尿系统变化的主要表现如下：

（1）肾功能减退，易导致排泄代谢废物、调节水电解质、调节酸碱平衡等功能失调，老年人因此易出现药物蓄积中毒，甚至肾衰竭；肾对尿液的浓缩能力下降，老年人因此易出现尿频、尿量增多等情况；肾分泌的肾素和促红细胞生成素减少，老年人因此易出现血压异常、贫血等情况。

（2）输尿管输送尿液的速度减慢，易使尿液反流而引起尿路逆行感染。

（3）膀胱容量减少，老年人因此易出现尿频、夜尿增多等情况。

（4）尿道萎缩，尿道口出现褶皱或变狭窄，老年人因此易出现排尿困难等情况。

知识拓展

长时间憋尿易引发泌尿系统疾病

长时间憋尿不利于健康，会导致泌尿系统疾病。所谓憋尿，就是膀胱中储存的尿液超过了膀胱本身的容量（300～500 毫升），人却有意识地忍着不排尿。

当膀胱内累积了 200 毫升尿液时，人会开始有尿意，这时膀胱还可以继续储存尿液，但是当储存的尿液累积到 500～600 毫升时，膀胱就会出现膨胀，血管受到压迫，导致黏膜缺血，此时，细菌就会乘虚而入。长期憋尿，容易引起尿道炎、膀胱炎等泌尿系统疾病，严重时会导致尿潴留，诱发肾盂肾炎、反流性肾病等。

（摘编自：杨波，《久坐不动易引发泌尿系统疾病（名医讲堂）》，《人民日报》，2023 年 2 月 24 日）

（七）内分泌系统变化

内分泌系统是人体内由内分泌腺和分散于其他器官及组织中的内分泌细胞组成的系统，主要功能是维持人体新陈代谢、促进生长发育。老年人内分泌系统变化的主要表现如下：

（1）下丘脑的重量减轻，血液供给减少，细胞形态发生改变，中枢调控失常，导致老年人各方面功能衰退。

（2）垂体老化，各种激素（如生长激素、抗利尿激素等）分泌减少，导致老年人易出现肌肉萎缩、脂肪增多、尿频、夜尿增多等情况。

（3）甲状腺萎缩，基础代谢率降低，导致老年人出现怕冷、毛发脱落、反应迟钝等情况。

小贴士

基础代谢率是人仅用于维持基本生命活动且较稳定的能量消耗水平。

（4）肾上腺功能减退，导致老年人易出现食欲下降、呼吸困难、夜尿增多等情况。

（5）胰岛功能减退，胰岛素的敏感性下降，导致老年人易患糖尿病。

（八）生殖系统变化

生殖系统包括生殖腺和附属器官。生殖腺是产生生殖细胞与性激素的器官，在人体，男性有睾丸、女性有卵巢。附属器官有输送生殖细胞的管道及附属腺等，在人体，男性有附睾、输精管、射精管、前列腺、尿道球腺、阴茎和阴囊，女性有输卵管、子宫、阴道和外阴。

老年人生殖系统变化的主要表现为生殖器官体积缩小，性激素分泌减少，影响老年人的情绪（如变得暴躁、易怒），还会导致老年人的生育能力下降。

（九）皮肤系统变化

皮肤系统包括皮肤、毛发、指（趾）甲、皮肤腺（皮脂腺、汗腺等）等。老年人皮肤系统变化的主要表现如下：

（1）皮肤松弛、出现皱纹（见图2-2）、失去光泽、干燥、易痒、易皲裂、易脱屑，皮肤对冷热的感觉迟钝，抵抗力下降。此外，有的老年人脸部、颈部、胸部、手背等处的皮肤还会长老年斑。

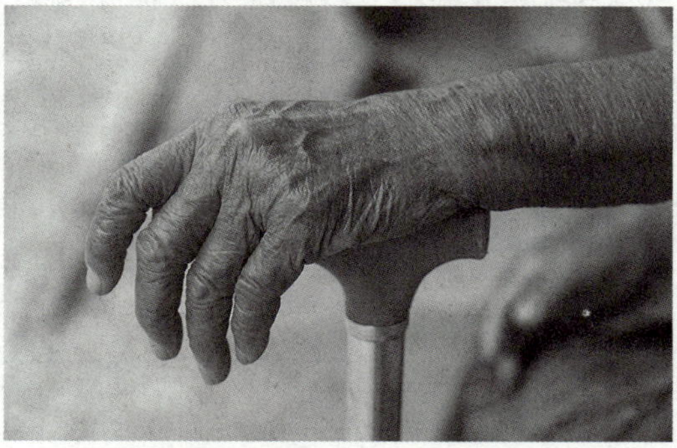

图2-2　皱纹

（2）毛发变白且干燥、易断裂，同时毛发数量减少。

（3）指（趾）甲的生长速度减慢；指（趾）甲变肥厚、失去光泽，呈黄色乃至暗褐色；指（趾）甲变坚硬，出现纵嵴（纵向隆起的条纹）。

（4）皮脂腺萎缩，皮脂分泌减少，导致老年人皮肤干燥、易痒；汗腺分泌的汗液减少，体温调节功能减退，导致老年人易中暑。

知识拓展

预防老年人皮肤干燥、易痒的措施

随着年龄的增长，人的皮肤也会逐渐老化，许多老年人都会遇到皮肤干燥、易痒的问题，并为此感到苦恼。预防老年人皮肤干燥、易痒的措施如下：

（1）注重皮肤保湿。皮肤角质层（表皮最外层）相当于一层保护壳，能帮助皮肤锁住水分。老年人角质层的保湿能力会逐渐减弱，从而引起皮肤干燥、易痒。老年人洗澡时，不要使劲搓皮肤，以免破坏角质层，同时使用含有保湿成分的护肤品。

（2）保持健康饮食。老年人应多喝水，养成经常喝水的习惯以补充水分；多吃富含维生素A、维生素C、维生素E的食物，如鱼肉、蛋黄、胡萝卜、菠菜等，避免吃过于辛辣、油腻的食物，以免刺激皮肤。

（3）保持居室内温湿度适宜。老年人居室内温度过高或湿度过低，都会导致老年人皮肤干燥、易痒。老年人居室内温度以22～24℃为宜，相对湿度以50%～60%为宜。

（十）感觉器官变化

感觉器官是机体与外界环境发生联系，感知周围事物变化的器官，主要包括眼睛、耳朵、鼻子、舌头等。老年人感觉器官变化的主要表现如下：

（1）眼睛的晶状体硬化、失去弹性，睫状肌逐渐萎缩，调节功能减退，导致老年人的视力下降，出现老视（老花眼）。此外，视网膜退化、视神经萎缩，导致老年人出现视物模糊、夜间视力下降等。

（2）耳朵内的毛细胞数量减少，导致老年人的听力下降，老年人易患老年性耳聋。一般而言，老年人的听力下降主要表现为高频听力下降、耳鸣、重听等。

（3）鼻子中的嗅神经退化，导致老年人对气味敏感度下降，难以分辨不同的气味。

（4）舌头对味道的敏感度下降，尤其是对苦、甜、咸等基本味道的感知能力减弱。

课堂互动

请说一说你熟悉的老年人出现了哪些机体变化。

三、常见的老年人疾病

生理功能变化，会导致老年人患上一些疾病，常见的老年人疾病如下。

（一）肿瘤

肿瘤是指人体内与正常组织不协调的异常新生组织，可能是由人体某部分的细胞在各种刺激因素作用下，产生反应性增生与异常分化造成的。肿瘤具有特殊的生长规律，即使在刺激因素停止作用后仍能继续生长。肿瘤可分为良性肿瘤和恶性肿瘤。其中，良性肿瘤的细胞分化成熟，生长慢，不转移；恶性肿瘤的细胞分化不成熟，生长快，常蔓延到附近组织或转移到远处组织。

肿瘤的症状因其类型、大小和所在人体部位而异。老年人长肿瘤后，长有肿瘤的部位一般会出现异常肿块或肿胀，老年人会感到疼痛，出现体重下降、易疲劳等症状。

（二）阿尔茨海默病

阿尔茨海默病是一种与年龄相关，呈进行性发展的神经退行性疾病。阿尔茨海默病患者在疾病早期通常表现出记忆力下降、定向障碍（不能准确识别人物、时间、地点），并伴有情绪低落、焦虑等症状。随着病情逐渐加重，患者的认知功能衰退越来越明显，患者丧失部分日常生活自理能力。到了疾病晚期，患者丧失大部分记忆、日常生活自理能力，甚至丧失坐立、行走能力，只能长期卧床。

小贴士

认知功能是大脑执行高级活动的功能，包括感知觉、注意、记忆、语言、思维等。

同步案例

脑海中有“橡皮擦”的阿尔茨海默病患者

张奶奶在老伴去世后，记忆力逐渐下降，会忘记刚做过的事情、刚说过的话，所以经常重复做同一件事情、说同一句话。有时，张奶奶还会弄混家人和时间。某天，张奶奶对着自己刚下班回家的儿子说：“老公，你终于回来了，今天是儿子3岁生日，我们一起给儿子做蛋糕。”对于以前熟记于心的回家的路，现在张奶奶也不记得了。

（三）骨质疏松症

骨质疏松症是指骨密度降低和骨组织微结构衰退，导致骨脆性增加的全身性骨骼疾病。骨质疏松症患者会经常感到腰酸背痛、关节疼痛，并出现脊柱变形的情况，如身高变矮、驼背（见图 2-3）等，还容易骨折。

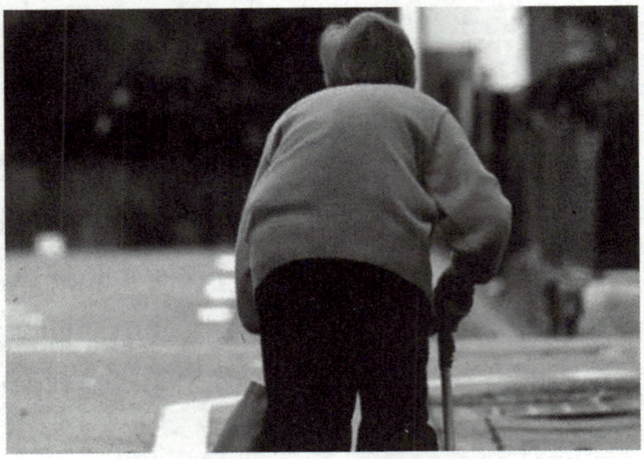

图 2-3　驼背

老年人患骨质疏松症的症状

（四）高血压病

高血压病是一种以动脉血压升高为主要表现而无明确病因的疾病。当老年人的收缩压≥140 毫米汞柱或舒张压≥90 毫米汞柱，即可诊断该老年人患有高血压病。高血压病患者会经常感到头晕、头痛、心悸、胸闷、烦躁，并且容易疲乏，严重者会伴有心、脑、肾功能障碍。

小贴士

收缩压是指心脏收缩时，动脉血压所达到的最高数值。

舒张压是指心脏舒张时，动脉血压所达到的最低数值。

（五）冠心病

冠心病的全称为冠状动脉粥样硬化性心脏病，是一种由冠状动脉粥样硬化造成血管腔狭窄或阻塞，引起心肌缺血、缺氧的心脏病。冠心病患者会经常感到胸闷、呼吸困难、胸痛（见图 2-4），出现心绞痛、心肌梗死、心律失常、心力衰竭等症状，严重者甚至会猝死。

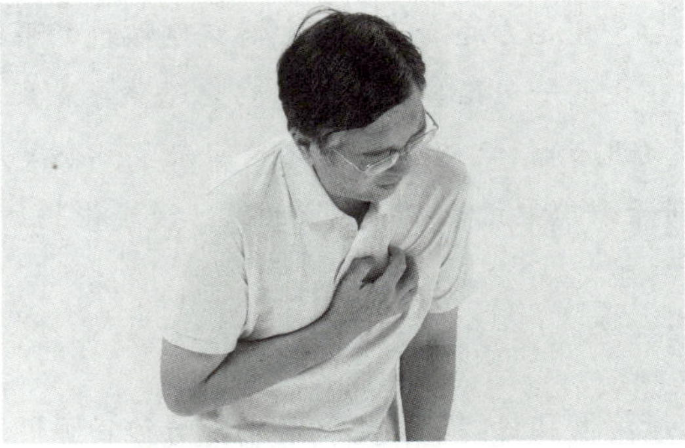

图 2-4　胸痛

知识拓展

用音乐巧妙治疗高血压病和冠心病

研究发现，高血压病患者听舒缓的音乐可以降低心率、血压和呼吸频率，有助于控制血压、改善负面情绪；冠心病患者听舒缓的音乐可以减轻心理压力，改善焦虑、疼痛和提高睡眠质量。

高血压病患者和冠心病患者常常合并焦虑症或抑郁症等心理障碍，这些心理障碍反过来也会使疾病进一步恶化。研究发现，愉悦的音乐可刺激大脑分泌多巴胺，缓解高血压病患者和冠心病患者的焦虑和抑郁情绪，使其缓解焦虑和抑郁症状。

（六）脑卒中

脑卒中又称脑血管意外，俗称中风，是指由急性脑部血液循环障碍引起的疾病，分为缺血性脑卒中和出血性脑卒中两大类。脑卒中患者发病时，常出现以下症状：① 左右面部不对称，出现口眼歪斜的情况；② 单侧或双侧手臂无法抬起；③ 说话含糊不清或者无法说话。脑卒中患者常会出现各种后遗症，如偏瘫，导致生活不能自理。

脑卒中是严重危害老年人健康和生命安全的常见难治性疾病，具有发病率、复发率、致残率、致死率高的特点。

（七）慢性支气管炎

慢性支气管炎是指气管、支气管黏膜及其周围组织的慢性非特异性炎症。慢性支气管炎患者会出现咳嗽、咳痰等症状，或伴有喘息。患者每年发病持续 3 个月或更长时间，连续 2 年或 2 年以上。

（八）糖尿病

糖尿病是一组以代谢紊乱、血糖增高为主要临床表现的疾病，主要是由不同程度的胰岛素分泌缺陷及胰岛素抵抗造成的。糖尿病可分为 1 型糖尿病、2 型糖尿病、其他特殊类型糖尿病。其中，以 2 型糖尿病最为常见。

糖尿病患者会出现“三多一少”症状，即多食、多饮、多尿、体重减少，有的患者也会出现乏力、皮肤瘙痒等症状。糖尿病老年患者易出现多种并发症，如合并肿瘤、呼吸道感染等，同时会造成眼睛、肾脏、心脏、血管等多种器官的慢性损害、功能障碍和衰竭。

（九）老年性白内障

老年性白内障是指于中老年开始发生的晶状体浑浊、透明性下降的疾病。老年性白内障的发病率随着年龄的增加而增加。老年性白内障患者的主要症状是视力下降、视物模糊、畏光、色觉异常、单眼视物时出现两个及以上的影像。有的老年性白内障患者会继发青光眼，导致视野缺损，甚至失明。

孝亲敬老

明眸工程——让老年性白内障患者重见光明

统计调查显示，在我国，60 至 89 岁人群的老年性白内障发病率约为 80%，而 90 岁以上人群的老年性白内障发病率达 90%以上，其中不少老年人是“因贫致盲，因疾致盲”。2021 年起，衢州市人民医院与衢州市慈善联合总会合作开展“慈善让您亮起来”明眸工程（以下简称“明眸工程”），为老年性白内障患者提供白内障手术慈善帮扶。

张爷爷作为明眸工程的受益人，在接受手术后，对主治医师感激地说：“我患有老年性白内障多年，现在终于能够重见光明了！非常感谢您！”面对术后缴费的清单，张爷爷说：“如果没有明眸工程，我做手术需要一笔不小的支出。明眸工程对我们老年人来说帮助非常大。”

“作为四省边际中心医院，我院慈善项目面对的人群不仅包括衢州市的患者，也包括周边地区的患者。同时，我们还将手术台‘搬到’了新疆维吾尔自治区乌什县，为当地 30 名老年性白内障患者送去光明。”衢州市人民医院眼科中心主任表示。

（摘编自：陈锘涵、徐莉，《衢州“慈善让您亮起来”明眸工程，让 775 名白内障老人重见光明》，中国网，2023 年 10 月 31 日）

任务实施

分析老年人的身体状况

【任务背景】

丁爷爷，76 岁，3 年前因经常头晕、头疼，食欲增加但体重减少而去医院就诊，被诊断为患有糖尿病、高血压病，需要长期服用降糖、降压药物。由于年老体衰，丁爷爷的肝、肾等多个器官的功能减退，新陈代谢速度减慢，导致药物在体内积累，丁爷爷因此出现头晕、乏力等情况。

1 年前，由于视力、平衡感下降，丁爷爷在家拖地时不慎跌倒，导致腰椎和股骨骨折。骨折后，丁爷爷不得不卧床休息，这给他带来了巨大的心理压力，他感觉自己离死亡越来越近。同时，丁爷爷的听力下降也使得他与他人的交流变得困难，他逐渐变得郁郁寡欢、沉默寡言。

几个月前，丁爷爷的记忆力下降越来越明显，他经常忘记事情，甚至认不出自己的家人。起初，家人认为这只是正常的健忘，但丁爷爷变得越来越像个小孩，无法独立进行日常生活活动，如穿衣、洗澡和如厕等。家人意识到了问题的严重性，带他去医院就诊。经过一系列检查，丁爷爷被确诊患阿尔茨海默病。

【实施要求】

（1）2～3 人一组，从中选出一名小组长，小组长负责本次活动的具体分工。

（2）各小组对上述案例中丁爷爷的身体状况进行分析，并将分析结果整理成报告，报告形式为 Word 文档或 PPT。报告中需包含丁爷爷的生理功能变化和所患疾病，以及得出结论的理由。

（3）各小组提交报告，教师进行点评。

任务二　了解老年人心理

任务导入

关爱老年人心理

《江苏省 2018 年老年人口信息和老龄事业发展状况报告》的结果显示，30.3%的老年人有孤独感，其中 4%的老年人经常感到孤独，27%的老年人有不同程度的焦虑症、老年期抑郁症等心理障碍。某大学医学心理学教研室主任表示，老年人心理问题主要是由老年人不适应角色、地位变化引起的。例如，老年人从家庭和社会的顶梁柱逐渐变为家庭和社会的幕后人，甚至变为需要帮助、保护的对象，他们难免出现焦虑、失落等情绪。

针对老年人的心理问题，江苏省常州市在关爱老年人心理方面采取了许多措施。“我们通过问卷调查的方式，对多位老年人进行调查，然后归类、筛选出重点帮扶对象。”常州市武进区卫生健康委员会相关人员说。该人员表示，他们对迫切需要心理关爱且行动不便的老年人进行了一对一定期上门心理疏导，每周还会在老年心理服务工作站点开展丰富多彩的活动，如举办集体生日联谊会，以带动老年人社会参与，缓解老年人的孤独感和无用感。

（摘编自：蒋明睿、王甜，《我省各地开展老年人心理关爱行动——向前一步，把“关心”送到老人心坎上》，《新华日报》，2022 年 7 月 15 日）

思考：

（1）老年人的心理变化有哪些？

（2）常见的老年人心理障碍有哪些？

一、老年人的心理变化

心理是人脑对客观世界的主观反映，包括感知觉、记忆、思维、意志、情绪、性格等。生理功能的减退、社会角色的改变、与子女的代沟及与社会的脱节等会导致老年人的心理发生变化，引发一系列心理问题。

（一）感知觉变化

感知觉包括感觉和知觉两个心理过程。感觉是人脑对客观刺激作用于感觉器官所产生的对事物个别属性的反映。知觉是在感觉基础上，人脑对事物的各种不同属性进行整合，并结合以往经验，形成的整体印象，是人脑对客观事物整体的认识。

老年人的心理变化往往是从感知觉的变化开始的，主要表现为老年人对外界刺激反应的灵敏度下降，感知时间延长，易出现感知错误，等等。例如，有些老年人在吃苹果（见图 2-5）时，由于味觉、视觉、触觉等出现感知错误，会误认为自己吃的是梨。

图 2-5 老年人在吃苹果

（二）记忆变化

记忆是指人脑对经验过的事物进行识记、保持、再现的过程。识记即识别和记住信息的过程；保持即把识记的信息留存于脑中的过程；再现即使已获得并保持在脑中的信息重新出现的过程。老年人记忆变化的主要特点如下：

（1）记忆能力下降，记忆速度变慢。这导致老年人学习新事物的能力下降。

（2）初级记忆尚好，次级记忆较差。初级记忆是指对刚听过或看过、当时还在大脑中留有印象的事物的记忆。次级记忆是指对已听过或看过一段时间的事物进行编码后储存在大脑中，需要时可提取的记忆。

（3）再认能力尚好，再现能力较差。再认是指当识记对象再次出现时，人仍能够认出来的心理过程。再现是指识记对象在人头脑中再次呈现出来的过程。

（4）逻辑记忆尚好，机械记忆较差。逻辑记忆是指在理解的基础上识记的记忆。机械记忆是指在不理解的情况下以背诵方式识记的记忆。

（5）远期记忆尚好，近期记忆较差。远期记忆是指对过去的经历、人、事的记忆，通常是对多年前发生事情的记忆。远期记忆一般可以很好地保持或储存在头脑中。近期记忆是指对最近的经历、人、事的记忆。近期记忆差是因为老年人的记忆速度变慢、再现能力较差。因此，经常提醒老年人回忆往事，有助于其延缓记忆力下降的速度。

知识拓展

老年人改善记忆力的良方

采用以下 5 种方法有助于老年人改善记忆力：

（1）勤用脑。例如，经常看电视、听音乐、下棋等，可以使脑细胞处于活跃状态，从而延缓大脑衰老，改善记忆力。此外，有意识地记一些东西，如记歌词、记日记等，对改善记忆力也很有帮助。

（2）保持良好情绪。良好的情绪有利于神经系统与其他系统保持协调统一，使人体的新陈代谢处于良好状态，从而增强脑细胞的活力。

（3）进行适当运动。适当的运动能促进脑细胞代谢，使大脑功能得以充分发挥。

（4）养成记录习惯。例如，养成将重要的事情写在笔记本或便利贴上，外出购物时列一份单子，将要处理的事情写在备忘录上等的习惯。

（5）多吃有利于改善记忆力的食物，如核桃、海带、黄豆、芝麻、胡萝卜等。

（三）思维变化

思维是指人脑对感知觉获得的信息进行分析、综合、比较、抽象和概括等，形成概念的整个过程，是以记忆中的知识为媒介，反映事物的本质和内部联系的高级认识过程。老年人思维变化的差异性较大，有的老年人思维水平显著下降，而有的老年人却仍保持较高的思维水平。老年人思维变化的主要表现如下：

（1）思维迟缓，包括需要花费较长的时间理解语言（包括口头语言和非口头语言）、思考解决问题的方法等。例如，老年人与他人交谈（见图 2-6）时，需要花费较长的时间去理解他人说的话。

（2）逻辑障碍，包括对事物的概念模糊，推理能力下降，说话时含糊不清、不知所云，无法解决复杂问题等。

（3）缺乏创造性思维，包括难以适应新环境，难以接受新观念、新思想，解决

图 2-6　老年人与他人交谈

问题时难以产生新的想法或想出解决问题的方法等。

（四）意志变化

意志是指自觉地确定目的，并根据目的来支配、调节自己的行为，克服困难，实现预定目的的心理过程。老年人的意志变化主要表现为意志薄弱，对自己行为的控制力下降，做事缺乏毅力，克服困难、迎接挑战的意志不坚定，容易放弃。

（五）情绪变化

情绪是指人对客观事物所持的态度产生的主观体验。老年人情绪变化的主要表现如下：

（1）消极情绪增多。由于社会角色和家庭角色发生变化，再加上患有一些疾病，老年人容易产生消极情绪，包括失落、孤独、自责和恐惧等，严重者甚至对活着失去兴趣，产生轻生想法。

（2）情绪波动变大。老年人的情绪不稳定，有的老年人可能在短时间内经历多种情绪；有的老年人变得激动易怒，会因一点小事而大发脾气；有的老年人经受不住挫折和打击，会因一点不顺利而伤心不已、灰心丧气。

（六）性格变化

性格是指人的稳定态度和习惯化的行为方式的个性心理特征。不同老年人的性格变化差异较大。老年人性格变化的主要表现如下：

（1）以自我为中心。有些老年人可能会更倾向于关注自己的感受和需求，而不过多关注他人的感受和需求。

（2）更固执。有些老年人会因不适应角色变化而变得固执己见，认为自己是正确的，不能客观地看待他人的观点。

（3）更保守。有些老年人由于学习能力下降，对新事物的接受能力下降，在思想和行为上变得更保守，更倾向于维持现状。

（4）更多疑。有些老年人会因社会地位的转变而无法很好地适应当下的生活，变得更多疑。在生活中，这些老年人可能会怀疑他人的动机和意图，想要规避风险。

二、常见的老年人心理障碍

老年人由于生理变化、心理变化、受到药物影响等，可能出现心理和行为异常，这些异常统称为心理障碍。常见的老年人心理障碍如下。

（一）疑病症

疑病症是指在没有明确医学根据的情况下，担心或相信自己患有一种或多种严重生理或心理疾病的心理障碍。如果患有疑病症，且未及时缓解和治疗，老年人就有可能从怀疑自己有病发展为对疾病的恐惧，甚至对死亡的恐惧，从而使身心健康受到严重影响。

疑病症老年患者的主要症状如下：

（1）怀疑自己患病，主要表现如下：① 对自身的生理变化特别敏感，并且会不自觉地加以夸大，认为这些变化是自己患有严重疾病的证据；② 坚信自己患有某种或几种疾病，即使反复就诊检查的结果均正常，也不能消除疑虑。

（2）身体出现各种各样的不适症状，主要包括以下几类：① 身体各种疼痛，如头疼、胸痛、腰疼（见图 2-7）、腹痛等；② 心血管系统疾病症状，如心慌、心悸、心律不齐等；③ 消化系统疾病症状，如厌食、反酸、腹胀、便秘等；④ 呼吸系统疾病症状，如胸闷气短、呼吸困难等；⑤ 泌尿系统疾病症状，如尿频、尿急等。

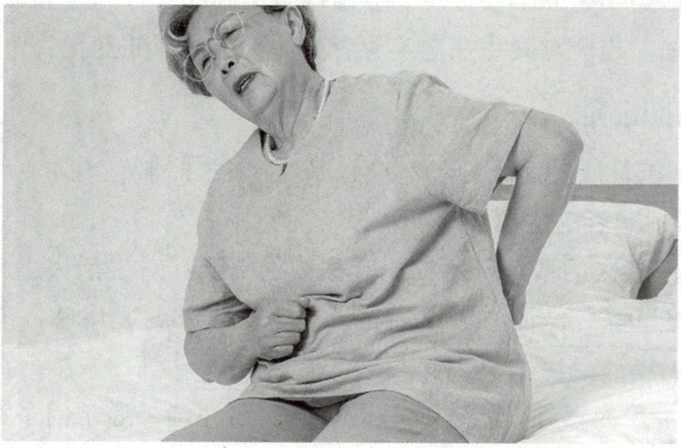

图 2-7　腰疼

同步案例

多疑的吴奶奶

吴奶奶的皮肤最近长了一些红点。某天，吴奶奶在手机上看到了红斑狼疮的症状，便对号入座认为自己患有红斑狼疮。吴奶奶立即将这件事告诉儿子，让儿子带其去医院检查。吴奶奶在医院检查后，医生说她并没有患红斑狼疮，只是普通的湿疹。吴奶奶认为医生没有跟她说实话。回家后，吴奶奶总是担心自己的“病”，并为此寝食难安，便给女儿打电话，让女儿再带她去其他医院就诊。

（二）焦虑症

焦虑症是指一组以过度恐惧和焦虑以及相关行为紊乱为特征的心理障碍。焦虑症以情绪焦虑、紧张、恐惧为主要表现，会引发抑郁症，严重的患者会产生轻生想法，甚至出现轻生行为。焦虑症患者的焦虑症状与正常人的焦虑反应的区别在于，其程度和持续时间远远超过对应激事件的正常反应水平。

焦虑症老年患者的主要症状如下：

（1）经常会无故出现紧张、担心、害怕等情绪，感到烦躁不安，易激惹，注意力难以集中。

小贴士

易激惹是指个体在遇到刺激或不愉快的情况时，即使刺激或不愉快的程度极为轻微，也很容易产生剧烈情感反应的病理性心理状态。

（2）经常东张西望、坐立不安，有的会出现言语和动作行为怪异、过激等症状。

（3）在身体方面，出现与疑病症老年患者身体不适相似的症状。

（三）老年期抑郁症

老年期抑郁症是指首次发病于60岁以后，以持久的抑郁心境为主要临床表现的一种心理障碍。老年期抑郁症患者的主要症状如下：

（1）出现显著而持久的情绪低落、悲观失望的情况；对生活失去兴趣，对过去感兴趣的事提不起精神，整日忧心忡忡，苦不堪言；产生自责感、无用感，严重时还会产生绝望感、轻生想法及行为。

（2）思维迟缓，反应迟钝，语言少，语调低，语速慢，通常问多答少；容易出现交流困难，甚至无法交流的情况。

（3）行动缓慢，生活懒散，兴趣减少，不想做事，不愿与人交往，不愿参加任何活动，丧失对生活的热情，常感觉精力不足、疲乏无力。

（4）身体上出现与疑病症老年患者身体不适相似的症状，同时患者还会因身体的各种不适产生疑病心理。

（5）入睡困难，睡眠时间短，多梦，易醒，等等。

（6）有的患者会出现较明显的认知功能障碍，如计算力、记忆力、理解能力障碍。

知识拓展

早期老年期抑郁症识别

老年人出现以下9种症状中的5种，且症状持续两周及以上，则需要去医院检查是否患有老年期抑郁症：

（1）情绪低落。

（2）对各种活动失去兴趣。

（3）睡眠障碍。

（4）食欲改变，同时伴有体重改变。

（5）体力改变，多数情况下为体力减弱、易疲劳。

（6）记忆力下降或注意力涣散。

（7）有负罪感或无用感。

（8）思维迟缓或易激惹。

（9）有轻生想法或轻生行为。

（四）离退休综合征

离退休综合征是指老年人由于离退休后不能适应新的社会角色、生活环境和生活方式的变化而出现的焦虑、抑郁、悲哀、恐惧等消极情绪，或因此产生偏离正常行为的一种适应性的心理障碍。离退休综合征患者的主要症状如下：

如何让老年人远离离退休综合征

（1）无力感。患者不愿离开工作岗位，认为自己还有工作能力，但是社会需要更新换代，因此患者会产生对现实的无力感。

（2）无用感。在离退休前，患者可能是事业有成、受人尊敬的人，离退休后，患者在很多事情上需要寻求他人帮助，这一变化可能使得患者认为自己无用。

（3）无助感。离退休后，患者的社交圈变小、社会交往变少，患者变得更孤独。同时，患者在适应离退休生活的过程中遇到了一系列问题却无人诉说，从而感到无助。

（4）无望感。无力感、无用感和无助感都容易导致患者产生无望感，再加上患者由于年老，所患疾病不断增多，使得其对未来逐渐感到害怕甚至绝望。

任务实施

分析老年人的心理状况

【任务背景】

孙爷爷，66 岁，曾经是某大学德高望重的教授。孙爷爷退休后，面对新事物常感觉无所适从。此外，由于记忆力下降、思维能力衰退明显，他不能很好地进行科研。这些变化对孙爷爷造成了巨大的心理打击。

以前，孙爷爷性格开朗，脾气温和，喜欢与人交往。现在，孙爷爷不愿意主动与他人交谈，情绪特别容易波动，常因小事与家人争吵不休。孙爷爷在与家人出现分歧时，总是坚信自己是对的，不听家人的想法。慢慢地，孙爷爷变得更加不愿意说话，行动也变得迟缓，对任何事情都提不起兴趣，常常面无表情地呆坐着。

孙爷爷的父亲是 66 岁时去世的，孙爷爷一想到自己已经 66 岁了，就不由自主地感到害怕。半年前，孙爷爷出现了食欲减退、便秘、胃痛等情况，他认为自己患了胃癌。孙爷爷在多家医院做了详细检查后，医生都认为其肠胃功能一切正常，但他仍不相信这一结果，到处求医。

某天，孙爷爷在路上看到有人推销“保健品”，推销员称该“保健品”包治百病，孙爷爷便买了许多该“保健品”回家。孙爷爷的子女知道这件事后，强烈反对孙爷爷吃该“保健品”。孙爷爷不但不听子女的劝阻，还认为他们是想害自己，并坚信这些“保健品”是对自己有益的。

【实施要求】

（1）2～3 人一组，从中选出一名小组长，小组长负责本次活动的具体分工。

（2）各小组对上述案例中孙爷爷的心理状况进行分析，并将分析结果整理成报告，报告形式为 Word 文档或 PPT。报告中需包含孙爷爷的心理变化和存在的心理障碍，以及得出结论的理由。

（3）各小组提交报告，教师进行点评。

任务三　促进老年人身心健康

任务导入

幸福的刘爷爷

某天，小刘放假回家时，在社区宣传栏（见图 2-8）上看到了一篇关于老年人健康饮食的文章。这篇文章详细介绍了老年人如何保持健康饮食以及相关注意事项。

图 2-8　社区宣传栏

小刘回家后，与爷爷分享了这篇文章的主要内容。爷爷说，社区宣传栏经常会发布一些与老年人身心健康相关的知识，如高血压病和糖尿病的预防措施、如何保护肠胃健康等知识。

小刘突然想到一个问题：“有的老年人不识字，看不懂这些文章怎么办？”爷爷说：“这个问题不用担心，因为社区还会组织健康教育讲座。前不久，社区就举办过一次针对老年人用药健康的讲座，我去听了这个讲座，专家讲得非常详细。在专家讲授结束后，我们还针对自己的情况向专家提问，专家也回答得非常详细。”

爷爷感叹道：“现在国家发展得越来越好，各方面的政策也越来越齐全，我们的生活也更加幸福了。”他还告诉小刘，社区最近在做老年人健康管理工作，鼓励他们去参加每年一次的免费体检，并告诉他们医生会根据他们的情况给出一些实用的建议，帮助他们保持身心健康。

思考：

（1）老年人健康教育的内容有哪些？

（2）老年人健康教育的方法有哪些？

（3）老年人健康管理的步骤是什么？

一、中国健康老年人标准

健康老年人是指生活能自理或基本自理的老年人，他们的身体、心理、社会三方面都趋于协调与和谐状态。根据《中国健康老年人标准》（WS/T 802—2022），健康老年人应满足以下要求：

中国健康老年人评估表

（1）生活自理或基本自理。

（2）重要脏器的增龄性改变未导致明显的功能异常。

（3）影响健康的危险因素控制在与其年龄相适应的范围内。

（4）营养状况良好。

（5）认知功能基本正常。

（6）乐观积极，自我满意。

（7）具有一定的健康素养，保持良好生活方式。

（8）积极参与家庭和社会活动。

（9）社会适应能力良好。

二、老年人健康教育

老年人健康教育是指通过有计划、有组织、有系统的社会教育活动，使老年人自觉地采用有益于健康的生活方式，以减少或消除影响健康的因素，预防疾病，促进身心健康。

（一）老年人健康教育的内容

一般来说，老年人健康教育包括生活方式健康教育、心理健康教育、科学运动知识教育、常见疾病防治知识教育、安全教育等。

1．生活方式健康教育

生活方式健康教育是指根据老年人的生理特点，指导他们养成良好的生活方式，从而预防某些疾病发生，或延缓已患疾病的进程。对老年人进行生活方式健康教育，主要从饮食、卫生、作息等方面开展。

（1）饮食健康教育主要包括以下几点：① 指出老年人可能存在的不良饮食方式，如过食肥甘、嗜烟嗜酒、饮食单一等；② 指导老年人养成良好的饮食习惯，科学合理地安排饮食，选择高蛋白（如豆类、禽肉类食物）、高维生素、高纤维素（如红薯、菠菜等）、低脂肪、少糖、少盐的食物，同时确保食物种类多样、入口食物温度适宜，进食遵循定时、定量、不过饥、不过饱的原则；③ 指导患有慢性疾病的老年人根据疾病情况选择合理的膳食。

（2）卫生健康教育主要包括以下几点：① 指导老年人早晚使用水平颤动拂刷法（见图 2-9）刷牙 3 分钟及以上，指导佩戴义齿的老年人正确清理义齿；② 指导老年人定期清洗头发、身体，每天洗脸，经常洗手，每晚睡前泡脚；③ 指导老年人在指（趾）甲过长时，及时修剪指（趾）甲。

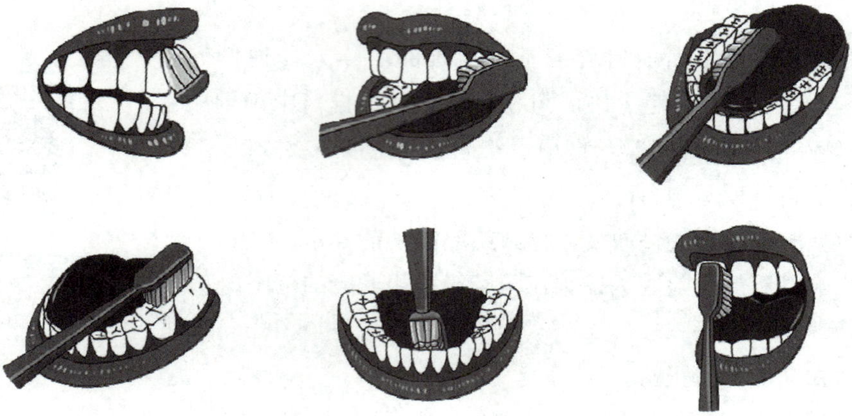

图 2-9　水平颤动拂刷法

小贴士

水平颤动拂刷法的操作步骤如下：将牙刷的刷毛放在牙齿和牙龈交界处，与牙齿侧面成 45°；将刷毛在同一个位置（2～3 颗牙的范围内）水平颤动 5～6 次后，沿着牙齿的表面拂刷；对每个位置至少重复一次上述动作，再将刷毛移动到下一个位置。

（3）作息健康教育主要包括以下几点：① 指导老年人科学规划作息时间，白天进行适当的运动；② 指导老年人睡前阅读不会引起兴奋的书报，听轻音乐，在睡前一小时喝一杯热牛奶；③ 指导老年人应避免在睡前吸烟、喝酒、喝茶、喝咖啡、进行兴奋性运动或玩游戏、看情节紧张的视频等。

知识拓展

适合老年人的饮食方式

根据《老年人膳食指导》（WS/T 556—2017）和《中国居民膳食指南（2022）》，可将适合老年人的饮食方式总结为以下几点：

（1）少食多餐。老年人用餐宜采用三餐两点制，“三餐”指一日三餐，“两点”指早点和午点。每餐摄入的食物能量占全天摄入食物总能量的比例应为早餐20%～25%、早点5%～10%、午餐30%～35%、午点5%～10%、晚餐25%～30%。

（2）粗细搭配。老年人应保证每天摄入适量粮谷类和薯类食物：男性每天应摄入谷类食物250～300克，女性每天应摄入谷类食物200～250克；对于全谷物食物或粗粮，每天应摄入50～100克。

（3）荤素搭配。老年人应保证每天摄入适量荤菜（如鱼虾、瘦肉等）和素菜（如蔬菜、豆制品等）。老年人每天应摄入鱼虾及禽肉50～100克，禽蛋25～50克，畜瘦肉40～50克；每天应摄入蔬菜300～400克，其中深色蔬菜（如菠菜、甘蓝等）摄入量应占一半。

（4）少糖少油少盐。老年人应保证每天摄入糖量不超过25克、食用油宜控制在20～25克、食盐不超过5克。

（5）多吃水果。老年人应保证每天吃多种新鲜水果。

（6）多饮水、少饮酒。老年人应主动、少量多次饮水，每天饮水1 500～1 700毫升；男性每天饮酒的酒精含量不超过25克，女性每天饮酒的酒精含量不超过15克。

（7）食物细软。老年人的食物应细软、易于咀嚼和吞咽。

（8）愉快用餐。老年人用餐时，应保证用餐环境和氛围温馨愉快，不讨论不愉快的事情。

2．心理健康教育

心理健康教育就是引导老年人用积极的、正常的心理去适应外界环境的各种变化。对老年人进行心理健康教育，主要从自我认识、心理调适等方面开展。

（1）自我认识教育主要包括以下几点：① 指导老年人充分了解自己，清楚自己的优缺点，客观全面地评价自己；② 指导老年人坦然、乐观地面对生理功能逐渐衰退的现实，适当关注自己身上出现的衰老现象。

（2）心理调适教育主要包括以下几点：① 指导老年人正确认识和接纳离退休的事实，尽快找到离退休生活的定位，鼓励老年人积极进行社会参与；② 指导老年人采用合适的方法排除消极情绪，保持情绪良好；③ 鼓励老年人建立广泛、积极的社会关系，宽厚待人，不要斤斤计较；④ 指导老年人树立积极的健康观和乐观向上的人生态度，对生活保持热情。

知识拓展

帮助老年人保持良好情绪的方法

帮助老年人保持良好情绪的方法有以下几种：

（1）引导老年人保持良好的心态。引导老年人对生活持积极的态度，相信自己，勇于接受现状。

（2）引导老年人适度让步。引导老年人认识到世界上没有十全十美的人和事，不要苛求他人和自己，适度让步，保持心胸开阔。

（3）鼓励老年人合理宣泄情绪。鼓励老年人采用合适的方式将消极情绪发泄出来。常用的方式有以下几种：① 向朋友诉说；② 适当哭泣；③ 在隔音室里适当大声叫喊；④ 唱歌（见图 2-10）、绘画、弹奏乐器等道德许可且不影响他人的方式。

图 2-10　唱歌

（4）转移老年人的注意力。在老年人感到悲伤、忧郁时，可以通过让他们做一些平时喜欢或感兴趣的事情（如下棋、钓鱼、看电视等）来转移他们的注意力，以免他们沉浸在负面情绪之中。

3. 科学运动知识教育

为保持老年人身心健康、预防疾病发生，应鼓励老年人进行科学运动。科学运动知识教育主要包括以下几点：

（1）指导老年人选择合适的运动。指导老年人选择轻度到中度的耐力性运动，如散步、慢跑（见图 2-11）、打太极拳、游泳等。此外，指导老年人根据其能力选择合适的运动。例如，指导力量较弱的老年人进行力量训练，如进行空中蹬自行车、墙壁俯卧撑、提肛运动等；指导柔韧性较差的老年人进行柔韧性训练，如压腿、压肩等；指导平衡和协调能力较差的老年人进行平衡和协调能力训练，如单腿站立、脚跟贴脚尖直线行走、跨越障碍物行走、踮脚行走等。

图 2-11　慢跑

（2）指导老年人循序渐进地运动。指导老年人根据其能力，刚开始时进行能力范围内的运动，之后再进行一些需要付出努力才能完成的运动。

（3）鼓励老年人长期持续运动。坚持运动才能看到效果，才能使老年人的身心都得到锻炼。

（4）指导老年人科学合理地规划运动时间。老年人运动的时间以每天 1～2 次，每次半小时左右，1 天运动总时间不超过 2 小时为宜。

（5）提醒老年人注意安全运动。当老年人在运动过程中出现身体不适时，应要求其及时停止运动。同时，要提醒老年人注意安全，防止跌倒，避免因运动造成骨折等。

4．常见疾病防治知识教育

常见疾病防治知识教育主要包括以下几点：

（1）向老年人科普常见疾病的类型、症状、危险因素、高危人群等，鼓励老年人定期进行体检。

（2）向老年人讲授常见疾病的预防和护理措施，鼓励患病老年人积极治疗疾病，并定期复查。例如，对于 2 型糖尿病老年患者，要指导其控制饮食，经常监测血糖，进行科学合理的运动。

5．安全教育

老年人日常生活中会发生多种意外，为了预防和减少意外事故的发生，应对老年人进行安全教育，安全教育主要包括以下几点：

（1）指导老年人树立安全意识，在日常生活中采取相关措施预防跌倒（见图 2-12）、烫伤、噎食等意外事故。

（2）指导老年人掌握一些应急自救措施，如突发心脏病、噎食时的自救措施等。

（3）指导老年人学习使用家庭和社区的安全设施和紧急救助系统。

图 2-12　跌倒

（二）老年人健康教育的方法

常用的老年人健康教育的方法有以下几种。

1. 语言教育方法

语言教育方法又称口头教育方法，是指通过语言交流向老年人讲解、宣传健康知识，提高老年人对健康的理性认识的一种方法。语言教育方法的优点是简便易行、有较大的灵活性。常用的语言教育方法有以下几种：

（1）开展健康教育主题活动。例如，通过举办各种以促进老年人健康教育为主题的实践活动，向老年人讲授健康知识；组织老年人就相同的健康需要进行讨论，鼓励他们共同学习、交流经验。

（2）开展上门教育。组织医务工作者到老年人的家中对老年人进行义诊，并向他们普及健康知识，对有心理障碍的老年人进行心理疏导等。

（3）开展社区健康咨询活动。组织医务工作者到社区中老年人聚集的地方开展有关健康问题的咨询活动，现场为老年人答疑，指导老年人树立正确的健康观、养成积极健康的生活方式等。

孝亲敬老

举办老年人健康知识讲座

内蒙古自治区总工会在老干部活动中心举办“办实事 解民忧”健康知识讲座，邀请内蒙古自治区人民医院的何医生就心血管疾病等常见老年人疾病防治及科学养生保健内容进行授课，20余名离退休老干部参与该活动。

何医生将医学理论知识和生活常识有机结合，用通俗易懂的语言、翔实的医学文献和图文并茂的笔记，对致病原因、症状、治疗方法及预防措施等进行了专业讲解，指导离退休老干部通过保持饮食均衡、保障睡眠良好、保持乐观心态等方式保持身心健康，过好幸福、健康的离退休生活。

授课结束后，何医生还与部分离退休老干部进行了交流，为他们在生活中遇到的健康问题解惑释疑。何医生的专业授课和耐心解答得到了离退休老干部们的高度赞扬和充分肯定。在场的离退休老干部纷纷表示，此次健康知识讲座内容丰富，语言通俗易懂，具有较强的指导性和可操作性，让他们对心血管疾病有了全面了解；在今后的生活中，他们会进一步增强健康意识，保持积极向上的生活态度和健康文明的生活方式，共享幸福美好生活。

（摘编自：吾日晗，《内蒙古自治区总工会举办老干部健康知识讲座》，中工网，2023年8月11日）

2．传媒教育方法

传媒教育方法是指通过各种传播媒介向老年人传播健康知识的一种方法。采用传媒教育方法的特点是不受时间和空间条件的限制，既可针对大众进行广泛宣传，又可针对个体进行个别宣传，而且通过此方法，老年人可以对教育内容进行反复学习。常用的传媒教育方法有以下几种：

（1）向老年人发放与老年人健康知识相关的传单、手册等宣传资料。

（2）让老年人观看健康教育宣传视频。

（3）在宣传栏上发布与老年人健康知识相关的文章，或张贴与老年人健康知识相关的海报等。

3．实践教育方法

实践教育方法是指通过指导老年人进行实践操作，达到使其掌握一定健康护理技能的一种方法。例如，指导高血压病老年患者自行使用血压计测量血压（见图 2-13），指导长期卧床的老年人如何在床上排便，等等。

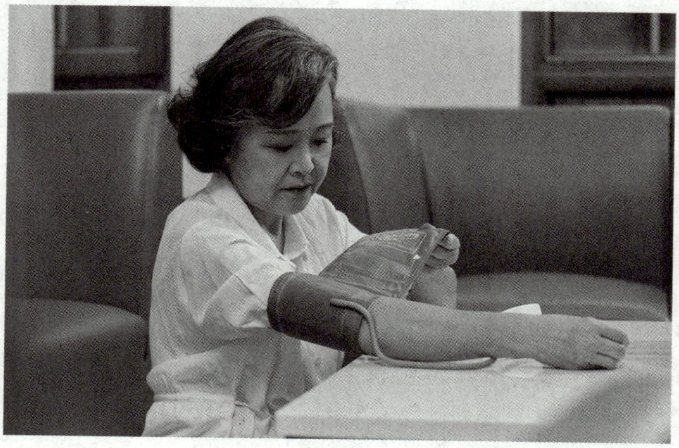

图 2-13　自行使用血压计测量血压

课堂互动

在生活中，你看到过或参与过的老年人健康教育活动有哪些？

三、老年人健康管理

老年人健康管理是指对 65 岁及以上老年人的健康进行全面监测、分析、评估和指导，以及对影响健康的因素进行干预的过程。

（一）老年人健康管理的内容

老年人健康管理的内容包括生活方式和健康状况评估、体格检查、辅助检查和健康指导等。

（1）生活方式和健康状况评估，通过问诊和老年人健康状态自评了解其体育锻炼、饮食、吸烟、饮酒、既往所患疾病、目前用药和生活自理能力等的情况。

（2）体格检查（见图 2-14），包括对体温、脉搏、血压、身高、体重、腰围、皮肤、心脏等的常规检查，以及口腔、视力、听力和运动功能等的粗测判断。

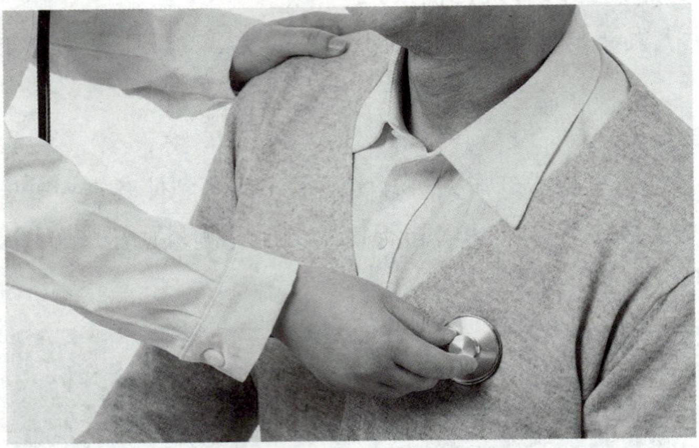

图 2-14　体格检查

（3）辅助检查，包括对血、尿、肝功能、肾功能、血糖、血脂等的检查。

（4）健康指导，包括以下几点：① 对高血压病和 2 型糖尿病等的老年患者，进行健康管理；② 对其他疾病的（非高血压病或糖尿病）老年患者，应进行及时治疗或转诊；③ 对体检中心发现身体情况有异常的老年人，建议其定期复查或向上级医疗机构转诊；④ 进行培养健康生活方式、接种疫苗、预防骨质疏松症、预防跌倒、预防意外伤害和自救等的健康指导；⑤ 告知或预约下一次健康管理服务的时间。

（二）老年人健康管理的意义

（1）对老年人的意义。实施老年人健康管理，能够帮助老年人早发现疾病，早治疗疾病；预防疾病发生、延缓疾病进程，减少并发症；减少老年人的医药支出，减轻老年人的经济压力。

（2）对社会的意义。实施老年人健康管理，对我国和谐社会的构建有推动作用，有助于创新社区管理模式，推进医疗卫生体制改革；还可以节约社会医疗资源，减轻社会对老年人的社会保障负担，促进社会和谐发展。

（三）老年人健康管理的步骤

老年人健康管理的步骤如下：

（1）收集老年人的健康信息。例如，可通过问卷调查法或访谈法，收集老年人的一般情况、既往病史、家族史，以及生活方式等信息；通过体格检查了解老年人的身体状况；通过心理评估了解老年人的心理状况。

（2）进行健康评估。整理和分析收集到的老年人健康信息，综合运用多种方法对老年人的健康问题和健康风险进行分析和评估，从而确定老年人存在或潜在的健康问题。

（3）制订和实施健康管理计划。根据老年人的健康评估结果，提出健康改善措施，制订个性化的健康管理计划，并充分调动个人、家庭和社会的积极性，帮助老年人实施计划。

（4）随访。对老年人的健康进行动态追踪，评价健康管理计划的实施效果，了解老年人健康管理计划存在的问题，并进一步改进计划。

（四）老年人健康管理的策略

（1）建立老年人健康档案。老年人健康档案是指对老年人的健康状况及其发展变化，以及影响健康的有关因素、接受卫生保健服务的过程和内容进行系统化记录的资料，包括老年人的基本信息、预防接种、疾病诊治及转归、体格检查、实验室检查、饮食、睡眠、运动、嗜好等的情况。为每位老年人建立详细、全面的健康档案，有助于医生更仔细、全面、准确地了解老年人的身体状况，更有效地进行诊断、治疗或指导老年人进行自我健康管理。

（2）建立老年人绿色就医通道。为老年人建立绿色就医通道，便于老年人及时就医，保障老年人从入院开始就享有特殊照顾，防止老年人因无人陪同或无人照顾而发生意外。

（3）建立老年人健康管理信息平台。通过健康管理信息平台，人们可以实现健康信息实时共享，有助于人们随时查询老年人的健康信息状况。

（4）加强对老年人的健康教育。大力向老年人宣传、普及健康知识，积极开展各种健康教育活动。

任务实施

制作老年人身心健康的科普视频

【任务背景】

关爱老年人身心健康，提高老年人的生活质量和幸福指数，是社会各界的共同责任。《关于全面加强老年健康服务工作的通知》指出，要面向老年人广泛传播营养膳食、运动健身、心理健康、伤害预防、疾病预防、合理用药、康复护理、生命教育、消防安全和中医养生保健等科普知识。对老年人进行健康知识普及教育，既可以向老年人普及养生保健知识，增强老年人的自我保健意识，又可以引导老年人养成科学健康的生活方式，为其身心健康保驾护航。

【实施要求】

（1）4～6 人一组，从中选出一名小组长，小组长负责本次活动的具体分工。

（2）各小组搜集相关文字、图片、视频资料，了解如何保持老年人身心健康，并将这些资料汇总，制作成科普视频。视频时长为 3～6 分钟。

（3）各小组在课堂上展示视频，教师进行点评。

学习成果自测

1. 填空题

（1）__________是在生命过程中，人体的形态、结构和生理功能等逐渐衰退现象的总称，是人体生命过程的自然规律。

（2）________________是指骨密度降低和骨组织微结构衰退，导致骨脆性增加的全身性骨骼疾病。

（3）心理是人脑对客观世界的主观反映，包括__________、__________、思维、意志、情绪、性格等。

（4）________________是指老年人由于离退休后不能适应新的社会角色、生活环境和生活方式的变化而出现的焦虑、抑郁、悲哀、恐惧等消极情绪，或因此产生偏离正常行为的一种适应性的心理障碍。

（5）健康老年人是指生活能自理或基本自理的老年人，他们的________________、________________、________________三方面都趋于协调与和谐状态。

（6）________________是指对 65 岁及以上老年人的健康进行全面监测、分析、评估和指导，以及对影响健康的因素进行干预的过程。

2. 选择题

（1）衰老是发生于人体内部的一种自然现象，而不是由外部因素导致的。这体现了衰老的（　　）特点。

A．普遍性　　B．单向性

C．内因性　　D．有害性

（2）下列选项中，（　　）不属于老年人泌尿系统变化的表现。

A．肾功能减退，易导致排泄代谢废物、调节水电解质、调节酸碱平衡等功能失调，老年人因此易出现药物蓄积中毒，甚至肾衰竭

B．输尿管输送尿液的速度减慢，易使尿液反流而引起尿路逆行感染

C．垂体老化，各种激素分泌减少，导致老年人易出现肌肉萎缩、脂肪增多、尿频、夜尿增多等情况

D．尿道萎缩，尿道口出现褶皱或变狭窄，老年人因此易出现排尿困难等情况

（3）下列选项中，（　　）属于老年人记忆变化的表现。

A．机械记忆尚好，逻辑记忆较差

B．近期记忆尚好，远期记忆较差

C．次级记忆尚好，初级记忆较差

D．再认能力尚好，再现能力较差

（4）下列选项中，属于健康饮食的是（　　）。

A．定时、定量进食
B．过饥或过饱
C．过食肥甘
D．饮食单一

（5）下列选项中，对老年人健康管理的步骤排序正确的是（　　）。

① 随访
② 收集老年人的健康信息
③ 制订和实施健康管理计划
④ 进行健康评估

A．①②④③
B．②④③①
C．①②③④
D．②③④①

3．简答题

（1）简述老年人呼吸系统变化的主要表现。

（2）简述老年人情绪变化的主要表现。

（3）健康老年人应满足哪些要求？

学习成果评价

请进行学习成果评价，并将评价结果填入表 2-1 中。

表 2-1　学习成果评价表

<table>
<tr><td>班级</td><td colspan="2"></td><td>姓名</td><td></td></tr>
<tr><td>学号</td><td colspan="2"></td><td>指导教师</td><td></td></tr>
<tr><td>项目名称</td><td colspan="4">老年人生理与心理</td></tr>
<tr><td>评价项目</td><td>评价内容</td><td>分值</td><td>自我评分</td><td>教师评分</td></tr>
<tr><td rowspan="5">知识
（40%）</td><td>衰老的相关知识</td><td>5</td><td></td><td></td></tr>
<tr><td>老年人的生理系统变化和常见的老年人疾病</td><td>10</td><td></td><td></td></tr>
<tr><td>老年人的心理变化和常见的老年人心理障碍</td><td>10</td><td></td><td></td></tr>
<tr><td>中国健康老年人标准</td><td>5</td><td></td><td></td></tr>
<tr><td>老年人健康教育和老年人健康管理</td><td>10</td><td></td><td></td></tr>
<tr><td rowspan="3">技能
（40%）</td><td>能够识别老年人的生理系统变化和常见的老年人疾病症状</td><td>15</td><td></td><td></td></tr>
<tr><td>能够识别老年人的心理变化和常见的老年人心理障碍症状</td><td>15</td><td></td><td></td></tr>
<tr><td>能够对老年人进行健康教育和健康管理</td><td>10</td><td></td><td></td></tr>
<tr><td rowspan="4">素养
（20%）</td><td>具备良好的学习态度</td><td>5</td><td></td><td></td></tr>
<tr><td>具备团队精神</td><td>5</td><td></td><td></td></tr>
<tr><td>树立尊重、理解老年人的意识</td><td>5</td><td></td><td></td></tr>
<tr><td>培养认真、细心、耐心服务老年人的工作态度</td><td>5</td><td></td><td></td></tr>
<tr><td colspan="2">合计</td><td>100</td><td></td><td></td></tr>
<tr><td colspan="2">总分（自我评分×40%+教师评分×60%）</td><td colspan="3"></td></tr>
<tr><td>自我评价</td><td colspan="4"></td></tr>
<tr><td>教师评价</td><td colspan="4"></td></tr>
</table>

项目三 老年人社会关系

项目引言

人生活在社会中，总会受到社会关系的影响。通过建立和维护良好的社会关系，老年人可以获得精神慰藉和物质帮助，增强获得感、幸福感、安全感。婚姻家庭关系是老年人社会关系的重要组成部分，是他们获取情感支持和经济支持的重要途径。了解老年人婚姻家庭的类型、角色和地位变化、矛盾等，有助于更好地帮助老年人维护良好的婚姻家庭关系、享受幸福晚年生活。

知识目标

- 熟悉老年人社会关系的特点和类型。
- 熟悉老年人建立和维护社会关系的作用。
- 掌握促进老年人建立和维护社会关系的措施。
- 熟悉老年人的婚姻家庭类型、老年人在婚姻家庭中的角色和地位变化。
- 熟悉常见的老年人婚姻家庭矛盾。
- 了解特殊老年人的婚姻家庭状况。

素质目标

- 通过学习“‘银龄互助’为老年人幸福‘加码’”案例，培养团结友爱、乐于助人的美好品德。
- 通过学习“关爱孤寡老人，传递爱心”案例，传承雷锋精神，弘扬时代新风。

任务一　了解老年人社会关系

任务导入

“共享奶奶”背后的意义

在浙江省宁波市某社区，“共享奶奶”很出名。“共享奶奶”是由一群退休老年女性组成的志愿服务队，主要帮助社区里双职工家庭接孩子放学回家、照料孩子，“共享奶奶”也因此而得名。

一方面，对于因工作繁忙而无暇接孩子放学回家的父母而言，同社区的“共享奶奶”帮他们接孩子放学回家，不仅能保障孩子的安全，还能保障自己正常上班。另一方面，对于参与志愿服务的奶奶们而言，互助带孩子有助于她们建立和维护良好的社会关系，增强自我价值感，让晚年生活更加充实。此外，在“共享奶奶”需要帮助时，那些接受过她们帮助的人也会伸出援手。

（摘编自：莫洁，《“共享奶奶”志愿队缘何引热议》，《光明日报》，2023 年 12 月 8 日）

思考：

（1）老年人社会关系的类型有哪些？

（2）老年人建立和维护社会关系的作用有哪些？

一、老年人社会关系的特点

老年人社会关系是老年人在参与社会活动和与他人交往过程中所形成的相互关系的总称。老年人社会关系具有以下特点。

（一）稳定性

老年人在多年的生活、工作中，已经建立了许多的社会关系，有些社会关系经过时间的考验，较为稳定，不易受外部因素的影响。此外，老年人在离退休后，生活较简单，社会关系相对稳定。

（二）互助性

一方面，老年人在生活和身心健康方面会面临各种困难和挑战，常常需要寻求他人（如亲朋好友）的帮助和支持。另一方面，老年人也会在自己力所能及的范围内帮助他人，如帮助子女做家务（见图 3-1），帮助其他老年人上台阶，等等。

图 3-1　做家务

（三）亲密性

老年人除了物质上的需求外，还需要情感上的支持和关心。大多数老年人会与他人建立亲密关系，并倾向于向亲密程度较高的人诉说自己的烦恼，寻求理解和情感共鸣，以排除孤独感、失落感等消极情绪。

（四）社会关系网缩小

老年人社会关系网缩小主要表现在以下方面：

（1）大多数老年人在离退休后，因工作而建立的社会关系会逐渐减少；有些老年人还会主动降低参与社会活动的频率，如不参加同学聚会、好友聚餐等。这使得老年人与亲朋好友的联系频率降低，老年人的社会关系网也因此逐渐缩小。

（2）随着社会的发展，新的社交方式和媒介不断涌现，有些老年人难以通过新的社交方式和媒介维护社会关系，从而使社会关系网进一步缩小。

（3）有些老年人因居住环境改变而使社会关系网缩小，如老年人搬到养老机构居住后与亲朋好友的联系频率降低。

（五）社会关系重心转移

老年人在年轻时，社会关系大多与工作有关，而在离退休后，家庭、社区或养老机构成了主要的活动区域，老年人社会关系的重心也逐渐由工作向养老方面转移。此外，为满足精神生活的需要，老年人参与的娱乐活动与工作时相比增多，社会关系的重心也向娱乐方面转移。

二、老年人社会关系的类型

老年人社会关系多种多样，从老年人社会关系建立基础的角度，可将其分为亲属关系、地缘关系、业缘关系和趣缘关系等。

（一）亲属关系

亲属关系是指通过婚姻、血缘或法律拟制建立起来的，具有法律上的权利与义务的社会关系。亲属关系主要包括以下三类：

（1）因婚姻而建立的亲属关系，是指男女因结婚而形成的夫妻关系，以及由此产生的夫对妻的父母、兄弟姐妹和妻对夫的父母、兄弟姐妹等的姻亲关系。

（2）因血缘而建立的亲属关系，如父子关系、姐妹关系等。

（3）因法律拟制而建立的亲属关系，即基于某种法律行为或法律事实，法律认定双方之间为亲属的亲属关系，如因收养成立而产生的养父母与养子女之间的关系、因扶养关系而产生的继父母与继子女之间的关系等。

（二）地缘关系

地缘关系是指人们因所处地理位置接近而形成的社会关系，如邻里关系、同乡关系。地缘关系是老年人社会关系中不可或缺的一部分，对老年人的日常生活和精神状态有着重要影响，家庭和社区应当重视老年人的地缘关系。

（三）业缘关系

业缘关系是指人们因职业或行业活动而形成的社会关系，如同事关系等。老年人在离退休后，业缘关系不再占据社会关系的主导地位。

（四）趣缘关系

趣缘关系是指人们因具有共同的兴趣爱好而形成的社会关系，如老年人通过参加书法兴趣小组（见图 3-2）与他人建立的关系。

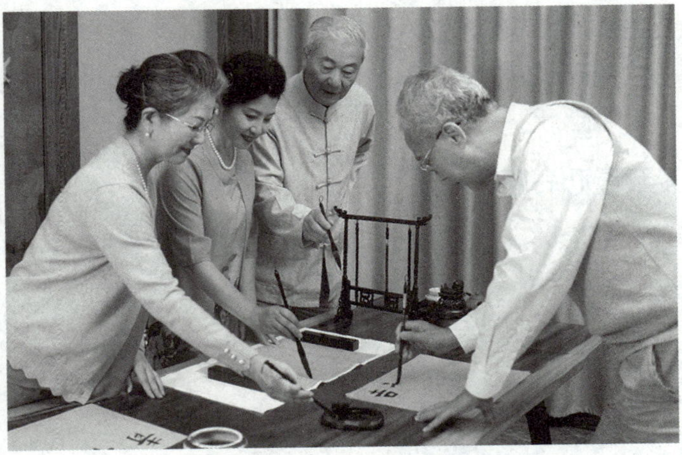

图 3-2　书法兴趣小组

同步案例

生活多姿多彩的老年人

2006年，73岁的陈奶奶召集退休伙伴，成立夕阳长空舞志愿服务队音乐团，并带领乐团排练歌舞，参加各地的公益演出。陈奶奶说：“我从未感觉年龄大是一种限制。走出家门，和乐团的伙伴一起参加活动，既能锻炼身体，又能追求自己的梦想，还能交到志同道合的朋友，打破老年人之间的社交壁垒。”

“加入乐团后，我的退休生活变得更加丰富多彩。我和乐团里的朋友一起‘玩音乐’，不仅能充实自己的退休生活，也能与他人建立良好的社会关系。”乐团的小号演奏手张爷爷说。

2023年进入乐团的杨奶奶是乐团里最小的“妹妹”，她说：“我能加入这个大家庭很幸运，乐团里的每个人对我都很照顾。我们都把退休后的生活过得有滋有味、非常充实。”

（摘编自：李明芮、孙婷婷，《新时代“银发人”更潮更爱玩：打破“社交孤岛”有“灵药”》，中国新闻网，2024年2月15日）

课堂互动

吴爷爷和范奶奶曾经居住在一个镇的不同村里。两人在同一个单位任职时相识、相恋并结婚。范奶奶生育小孩后，因为家庭事务繁忙而辞职。在退休后，吴爷爷和范奶奶一起加入了社区的老年健身操兴趣小组。

讨论：吴爷爷跟范奶奶之间存在哪些社会关系？他们之间的社会关系经历了哪些变化？

三、老年人建立和维护社会关系的作用

（一）满足情感需求

随着年龄的增长，老年人的情感需求日益增加，他们渴望得到更多积极的情感支持。通过建立和维护社会关系，老年人可以获得他人的关怀、理解等，从而满足自己的情感需求。

（二）获得经济支持

一般而言，老年人需要一定的费用用于日常生活开销和预防或治疗疾病。有些老年人仅依靠自己的养老金、劳动收入或存款，通常难以负担这些费用，往往需要他人尤其是家庭成员的接济。通过建立和维护社会关系，如维护与家庭成员、朋友、社会公益组织等的关系，

老年人在特定情况下可以获得一定的经济支持，从而减轻自己的经济负担。

（三）促进社会参与

（1）老年人在与他人交流和互动的过程中，能够获得更多的信息，增长见闻，开阔视野，学习新知识、技能，进而更好地进行社会参与。

（2）老年人通过与他人建立社会关系，可以提高自己的社会参与度。

（3）良好的社会关系有助于老年人加强与社会的联系，消除社会隔离感和孤独感，从而更好地融入社会。

（四）提高健康水平

（1）促进身体健康。老年人通过建立社会关系，可以与他人深入交流健康的生活方式、积极预防疾病的方法等，养成健康的生活方式，从而降低慢性疾病的发病概率，促进身体健康。此外，通过与医务工作者、护理人员等专业人士建立良好的社会关系，老年人可以及时获得较好的医疗服务和照护服务。

（2）促进心理健康。老年人多与他人交流和互动可以缓解压力，排除负面情绪，降低出现异常行为和精神症状的概率。

四、促进老年人建立和维护社会关系的措施

促进老年人建立和维护社会关系，需要老年人、家庭、社区三方共同发力。

如何促进老年人参与社交活动

（一）老年人

老年人应积极参与社交活动，如参与老友聚会、文艺比赛等，抓住与他人建立联系的机会。同时，老年人可以定期与他人交流（如使用手机与他人聊天，见图3-3），分享生活和情感，以加强与他人的联系。

图3-3　使用手机与他人聊天

此外，老年人应保持积极、开放、包容的心态，在与他人交往的过程中，尊重他人的意见和想法，避免自我封闭。

（二）家庭

家庭成员可以采取各种措施帮助老年人增强自信，促进其建立和维护社会关系，具体包括以下措施：

（1）尊重老年人。家庭成员在确保老年人和自身安全的前提下，应尊重老年人的选择、意愿等，以增强老年人的社交信心。

（2）营造和谐的家庭氛围。家庭成员可以通过自身的言行，形成尊老、爱老的家风，营造和谐的家庭氛围，让老年人感受到家庭的温暖，从而增强老年人建立和维护社会关系的信心。

（3）提供情感支持。家庭成员应多关心、陪伴老年人，多与老年人交流，倾听他们的想法，为他们提供适当的情感支持；关注他们的情绪、情感变化，及时发现并帮助他们解决心理问题。

（4）支持老年人参与社交活动。家庭成员可以鼓励或协助老年人参与社交活动，让他们与好友有更多的互动机会。

课堂互动

请分享一下，你或你的家庭成员是如何促进老年人建立和维护社会关系的。

（三）社区

社区可以为老年人提供建立和维护社会关系的机会，具体措施如下：

（1）组织社交活动。社区可以定期组织各种适合老年人参与的社交活动，如趣味游戏、园艺活动（见图3-4）等，从而为老年人提供社交机会，促进其与他人的交流互动，帮助其寻找志同道合的朋友。

图3-4　园艺活动

（2）开设老年人课堂。社区可以开设针对老年人建立和维护社会关系的课堂，如智能手机使用培训班、社交技巧培训班等，以帮助老年人与他人维持社会关系。

（3）建设老年人社交场所。社区可以建设老年人活动中心、老年文化中心等适合老年人的社交场所。

（4）提高通行便利性。社区可以改善社区中的通行条件（如提供适老设施），为老年人提供便利的出行服务，减少老年人的出行阻碍。

（5）建立老年人互助小组。社区可以鼓励老年人之间互帮互助，建立老年人互助小组，让有能力的老年人帮助需要帮助的老年人，促进他们建立和维护良好的地缘关系。

同步案例

“银龄互助”为老年人幸福“加码”

为了让辖区老年人相互结对、“抱团”养老，在互帮互助中解决日常问题，浙江省金华市婺（wù）城区白龙桥镇华电新村社区党委通过发动辖区内身体健康、乐于参加志愿服务的低龄老年人，以及社区网格员、微网格长等力量，组成了一支银龄互助服务队，专门为辖区高龄孤寡、身体不好的老年人提供服务。

戴爷爷是该社区银龄互助服务队的一名志愿者。一年前，戴爷爷在社区工作人员的邀请下，与柳奶奶组成了互助组。戴爷爷说：“她行动不便。每天中午，我会帮她到居家养老照料服务中心打饭。自从我和她结成互助组以后，无论刮风下雨、严寒酷暑，我都坚持按时为她打饭、送饭。”

此外，该社区对新时代文明实践站、居家养老照料服务中心等场所进行了硬件设施改造提升，让老年人有一个可玩、可休息之处，并充分利用这些场所，在节日里组织开展绿豆糕 DIY、趣味手工花制作等“银龄互助”系列活动。

（摘编自：曹静怡，《金华婺城：“银龄互助”为老人幸福“加码”》，人民网，2023 年 8 月 28 日）

任务实施

分析老年人的社会关系

【任务背景】

伍爷爷，67 岁，是一名退伍军人，退休前是一家工厂里的技术工。尽管年事已高，但伍爷爷心态依然年轻，对生活充满了热情，退休后的生活十分充实。

伍爷爷每周都会和自己的女儿通电话，询问女儿的生活状况、外孙女的学习情况等。听着女儿的回答，伍爷爷倍感欣慰，也觉得幸福无比。

伍爷爷闲暇时，经常在附近的公园里锻炼身体、下棋。在这里，他结识了一群志同道合的棋友，他们经常切磋棋艺，交流心得。伍爷爷还很喜欢接触新事物，通过手机结识了不少网友，还联系到了自己多年未见的战友。近年来，他和战友的联系越来越紧密，他们偶尔会聚会，一起回忆当兵时的点滴。

伍爷爷还经常参与社区的各种活动，如健身比赛、志愿者服务等。通过参与这些活动，他不仅结识了许多朋友，充实了生活，还提高了自己的社会参与度。

【实施要求】

（1）2～3 人一组，从中选出一名小组长，小组长负责本次活动的具体分工。

（2）各小组对伍爷爷的社会关系进行分析，并将分析结果整理成报告，报告形式为 Word 文档或 PPT。报告中需包含以下内容：

① 伍爷爷存在哪些社会关系。

② 建立和维护社会关系对伍爷爷有哪些作用。

③ 伍爷爷采取了哪些建立和维护社会关系的措施。

（3）小组长进行课堂分享，教师进行点评。

任务二　熟悉老年人婚姻家庭关系

任务导入

“老漂族”的婚姻家庭关系

自我国实行计划生育政策以来，独生子女数量增多，众多独生子女在异地工作、成家。然而城市化进程的加快、生育政策的调整和婴幼儿照护服务供给不足，使年轻人面临的生活压力与日俱增，面对这种状况，两代人选择“抱团取暖”，老年父母选择迁入子女家庭所在的地方，在经济、精力等方面继续为子女奉献。这些为支持子女事业、照料孙辈而远离家乡，随子女来到陌生地方生活的老年人被称为“老漂族”。

“老漂族”在家庭中通常会遇到以下问题。

1．代际冲突

对于以照顾者的身份进入子女家庭的“老漂族”而言，他们从家庭权威者转变为家庭旁观者，逐渐成为一个事事靠后、容易被忽视的家庭边缘人。许多“老漂族”每天帮助子女照顾孩子、料理家务，生活十分忙碌且辛苦，却得不到子女的关心，有时还要面对子女因工作产生的负面情绪。久而久之，这些“老漂族”与子女间的矛盾会越来越深。此外，“老漂族”与子女在育儿观念上存在分歧，也会引发代际冲突。

2. 夫妻分居

老年夫妻异地分居的情况在“老漂族”中比较常见。由于缺乏相关的社会支持体系，双职工家庭一般需要一个照顾孩子、料理家务的成员，而他们父母中的一位往往充当了这个角色，从而导致一些“老漂族”与老伴分居。

思考：

（1）老年人的婚姻家庭类型有哪些？“老漂族”的婚姻家庭一般属于哪一类型？

（2）常见的老年人婚姻家庭矛盾有哪些？

一、老年人的婚姻家庭类型

按照家庭结构，可以将老年人的婚姻家庭分为核心家庭、主干家庭、联合家庭和其他家庭。

（一）核心家庭

核心家庭（见图 3-5）又称基本家庭，是指由一对夫妇及其未婚子女组成的家庭。核心家庭的特点是人数少、婚姻家庭关系简单。例如，江爷爷夫妇及其未婚女儿组成的家庭是核心家庭，家里只有他们三个人，只有一对夫妻、一对父（母）女。

图 3-5　核心家庭

（二）主干家庭

主干家庭（见图 3-6）又称直系家庭，是指由老年父母、一对已婚子女、未婚孙辈三代人组成的家庭。主干家庭是核心家庭扩大的结果，与核心家庭相比，婚姻家庭关系更复杂。例如，秦爷爷夫妇及其儿子、儿媳、未婚孙女组成的家庭是主干家庭，家里人数多，有三代人、关系复杂。

图 3-6　主干家庭

（三）联合家庭

联合家庭又称同堂家庭，是指由老年父母及其多对已婚子女组成的家庭，或兄弟婚后不分家的家庭。联合家庭的主要特点如下：① 人口多，代际层次多，夫妻对数多；② 婚姻家庭关系复杂；③ 成员同居共财。这种婚姻家庭类型因不太适应现代社会发展与家庭成员自身发展的需要，而趋于消亡。

（四）其他家庭

其他家庭包括单身家庭、隔代家庭和失独家庭等。其中，单身家庭是指一个人单独生活的家庭。有些老年人因为未婚、离婚或丧偶而形成了单身家庭。隔代家庭是指由老年人和孙辈组成的家庭。失独家庭是指独生子女死亡，而父母不再生育或不能再生育，且不愿收养子女的家庭。

课堂互动

陈爷爷在结婚前，和父母、哥哥、嫂子一起居住；在与唐奶奶结婚后，一家六口居住在一起。一段时间后，陈爷爷和唐奶奶生下一子，便与其父母分家，一家三口生活在一起。后来，陈爷爷的儿子在结婚后搬到外地居住。在陈爷爷 67 岁时，唐奶奶因病离世，陈爷爷独自一人居住。在陈爷爷 72 岁时，儿子考虑到陈爷爷年老，便将陈爷爷接到自己家中居住，陈爷爷也帮忙照顾孙子。

讨论：陈爷爷的婚姻家庭类型经历了哪些变化？

知识拓展

婚姻家庭关系的三要素

从婚姻家庭类型的角度看，婚姻家庭关系包含以下三个要素：

（1）人口数量要素。家庭成员越多，婚姻家庭关系越复杂。

（2）代际层次要素。婚姻家庭关系中的代际关系将家庭成员划归为不同层次，代际关系既表现了家庭关系的连续性，又表现了家庭中的自然隔阂——代沟。家庭中代际层次越多，婚姻家庭关系越复杂。

（3）夫妻对数要素。夫妻关系是家庭的中心，在家庭中，有一对夫妻就有一个中心，有多对夫妻，就有多个中心。家庭的夫妻对数越多，婚姻家庭关系越复杂。

二、老年人在婚姻家庭中的角色和地位变化

（一）角色变化

1．父母角色转变为祖父母角色

进入老年期后，老年人养育子女的角色逐渐淡化，常常承担起照护第三代人的责任。

2．配偶角色转变为单身角色

进入老年期后，一些老年人会遇到丧偶的情况。老年人在丧偶后如果得不到家庭其他成员的关爱和照护，很容易陷入悲伤的情绪中。

3．劳动角色转变为被供养角色

随着年龄的增长和身体机能的持续下降，大多数老年人会离开工作岗位，从家庭的主要劳动者成为次要劳动者，并最终成为被供养者。

4．决策角色转变为平民角色

老年人曾是家庭中的决策者，然而随着社会的快速发展和他们的不断衰老，他们对新知识的学习能力和新事物的接受能力远不如后代，这使得他们在面对一些问题时，很难基于以往的经验做出正确的决策，逐渐丧失家庭事务的决策权。

5．工具角色转变为情感角色

由于年老体弱，老年人不得不由挣钱养家的工具角色转变为为家庭成员提供情感支持的情感角色，通过陪伴、倾听来满足家庭成员的情感需求。对于大多数老年人而言，这种角色变化往往伴随着不甘和沮丧。

（二）地位变化

老年人在婚姻家庭中的角色变化会导致老年人在婚姻家庭中的地位逐渐削弱、边缘化。研究表明，保持经济的独立性对老年人保持家庭地位具有正向作用，较高的收入可以增强老

年人在家庭重大事务决策中的话语权；良好的代际关系等也有利于老年人家庭地位的保持。

三、常见的老年人婚姻家庭矛盾

婚姻家庭矛盾是指家庭成员之间出于各种原因产生的冲突。常见的老年人婚姻家庭矛盾包括夫妻冲突和代际冲突。

（一）夫妻冲突

1．引发夫妻冲突的原因

（1）缺乏沟通。有些老年人与配偶之间缺乏沟通，导致双方在遇到问题时未能进行及时有效的交流，从而产生误解，引发冲突。此外，有些老年人喜欢使用回避方式来解决问题，在发生冲突时，拒绝与配偶沟通（见图 3-7），从而进一步加剧冲突。

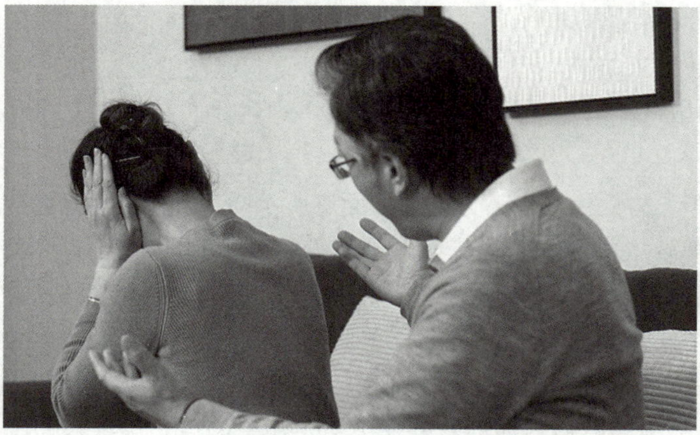

图 3-7　拒绝与配偶沟通

（2）观念有分歧。老年人与配偶在消费观念等观念上有分歧，双方互不理解，就可能引发冲突。例如，一方觉得钱财来之不易，应节俭，而另一方觉得应以享乐为主，在使用钱财时不用太节俭，双方因此而产生分歧，引发冲突。

（3）角色期待有差异。角色期待是指对处于一定社会地位的人所应有的角色行为的希望，包括对他人的角色期待和对自己的角色期待。在老年期，夫妻双方对彼此的角色期待可能存在差异，如果对方没能满足自己对他的角色期待，就很容易发生冲突。例如，一方希望另一方能够承担更多的家务劳动，而另一方却认为自己应该享福，不愿意做家务，双方因此而发生冲突。

2．老年人预防夫妻冲突的措施

（1）加强沟通。老年人应加强与配偶的沟通，及时向对方表达自己的想法，学会倾听对方的想法，理解、尊重对方，分享彼此的喜怒哀乐，增进理解。值得注意的是，老年人在与配偶沟通时，应避免使用过多的批判性、否定性语言。

（2）丰富晚年生活。老年人应丰富自己的生活，将自己的注意力转移到其他事情上，以免过于关注配偶，引发冲突。此外，老年人还可以与配偶一起探索兴趣爱好，如参与社区活动、旅行、学习新技能等，这不仅能增添生活乐趣，还能为双方提供共同的话题。

（3）给予对方更多关怀和照顾。在日常生活中，老年人可以多关注配偶的身心健康，为配偶提供帮助，从而增进夫妻感情，降低夫妻冲突发生的概率。

（二）代际冲突

老年人在婚姻家庭关系中的代际冲突，主要是老年人与子女、孙辈的冲突。

1．引发代际冲突的原因

（1）子女因工作繁忙、与老年人分居两地等，无法照顾老年人，但又希望让老年人老有所养，于是选择让老年人入住养老机构，而大多数老年人因为费用昂贵、难以适应陌生环境等，比较排斥入住养老机构，从而引发代际冲突。

（2）有些老年人想要子女承担赡养自己的义务，但子女没有能力赡养或故意逃避该义务，从而引发代际冲突。

（3）有些老年人对后代的期望过高，希望他们能够在学业、事业等方面取得优异的成绩。这种过高的期望可能给后代带来巨大的压力，导致他们对老年人产生抵触情绪，从而引发代际冲突。

（4）有些老年人与后代在生活方式等方面有所不同，难免产生摩擦。

（5）通常，年轻人的观念更加开放，老年人的观念则较为保守、传统。老年人可能与后代因消费观念、婚恋观念等的不同而产生冲突。

2．老年人预防代际冲突的措施

（1）加强沟通。老年人应多与后代沟通，并且在沟通过程中尝试站在对方的角度思考问题，理解他们在生活上、工作上的压力，理解代际差异，从而更好地理解对方的思想和行为，以减少误解和冲突。此外，老年人还应尊重后代的意见和选择，避免过多干涉后代的决定。

“老漂族”代际冲突案例

（2）积极排除消极情绪。在生活中，老年人可能会产生沮丧、失望或孤独等消极情绪，老年人应学会采用合适的方法排除这些消极情绪，以免因受这些情绪影响而与后代产生冲突。

（3）摒弃陈旧观念。随着社会的发展，一些传统的观念可能已经不再适用。老年人应及时摒弃陈旧观念，保持开放的心态，努力接受新观念。

知识拓展

老年人如何应对与家人之间的冲突

当与家人发生冲突时，老年人可采取以下应对措施：

（1）摆正心态。老年人应保持积极的心态，主动寻求解决冲突的办法，而不是回避冲突。

（2）积极沟通。老年人应积极与对方沟通，以解决冲突。

（3）理解宽容。老年人要做到换位思考，理解并宽容对方。

（4）寻求帮助。当与家人的冲突比较严重时，老年人可以向第三方（如家庭中德高望重者、婚姻家庭咨询师等）寻求帮助，以解决冲突。

四、特殊老年人的婚姻家庭状况

（一）孤寡老人的婚姻家庭状况

孤寡老人是指无配偶、无子女、无人照顾，丧失劳动能力的老年人，其婚姻家庭关系比较简单。

1．困境

孤寡老人在家庭生活中，容易遇到以下困境：

（1）生活上缺少照顾。有些孤寡老人可能丧失部分或全部日常生活自理能力，需要日常生活照顾服务，但他们却无人照顾。有些孤寡老人的经济来源较少，他们往往难以负担较高的日常生活照顾服务费用。

（2）心理上缺少关爱。由于缺少亲人的陪伴与支持，孤寡老人可能会感到孤独、无助和失落。孤寡老人的日常生活也比较单调，通常缺少娱乐活动。这种心理状态和生活状态可能使孤寡老人易患老年期抑郁症、焦虑症等心理疾病。此外，随着年龄的增长，孤寡老人可能会担忧自己的养老问题，这种心理也会导致他们产生心理疾病。

（3）医疗上缺少支持。有的孤寡老人可能因行动不便、居住地较偏僻、难以承担高额医疗费用等，在生病时选择不去医院就诊。由于缺乏及时的医疗服务，这些孤寡老人在患病时可能得不到及时治疗，导致病情加重。

（4）安全上缺少保障。由于无人照顾，孤寡老人容易发生意外伤害危及人身安全。例如，某孤寡老人在家中跌倒，因未被及时发现而抢救不及时，错过最佳治疗时机。此外，孤寡老人的住所也可能存在安全隐患，如房屋老旧、安全保障设施不完善等。

2．摆脱困境的措施

帮助孤寡老人摆脱家庭生活困境的措施主要有以下几个：

（1）营造良好氛围：① 大力宣传尊老敬老典型人物和事迹，弘扬中华民族尊老敬老的传统美德，营造尊老敬老社会氛围；② 建立邻里互助帮扶机制，倡导“互知、互敬、互帮、互助”邻里新风，从而在全社会形成关心关爱孤寡老人的良好氛围；③ 挖掘物业、家政、志愿者等资源开展结对帮扶服务，引导企业、单位与社区、村镇结对帮扶，为孤寡老人送防寒服、防暑物资等。

（2）为孤寡老人提供综合服务：① 发展嵌入式养老机构，推进社区助餐、助浴等服务，从而满足孤寡老人在生活照料、精神慰藉等方面的需求；② 积极开展便民就医、义诊咨询等服务项目，为孤寡老人提供康复保健、医疗护理等医疗服务。

（3）保障孤寡老人安全：① 对孤寡老人住宅进行适老化改造，如增设坡道、扶手、门磁（用来探测门、窗等是否被非法打开的安全报警装置，见图 3-8）、烟感报警器等；② 建立智慧健康养老服务模式，保障孤寡老人养老安全；③ 向孤寡老人发放关爱服务联系卡，告知镇（街道）结对干部、家庭服务医生、派出所联系电话，确保孤寡老人在突发紧急情况时有人可以联系。

图 3-8　门磁

（4）完善生活保障体系：① 健全老年人福利补贴制度，形成社会救助、社会福利等相衔接、广覆盖、可持续的老年人生活保障体系；② 加强养老服务设施建设，提升养老服务质量。

孝亲敬老

关爱孤寡老人，传递爱心

2023 年 10 月 15 日，刚参加完敬老院的“爱心饺子宴”义工服务活动，退役军人黄某就马不停蹄地赶回山东省菏泽市郓（yùn）城县双桥镇黄岗村，筹办“孤寡老人节”。

2023 年是黄某举办“孤寡老人节”的第 19 年。自 1992 年退役后，黄某返乡开了一家香油坊。走街串巷卖香油时，黄某看到许多孤寡老人生活困难、无人照料，就主动帮他们打扫卫生、洗衣、做饭，并时常为他们购买食物、日用品等。

2005 年农历腊月十六，黄某邀请周边孤寡老人免费观看文艺演出、吃午餐，同时赠送他们香油、棉衣、被子等物品。这是“孤寡老人节”的雏形。“大家以为他举办这个活动只是一时兴起，没想到他坚持了 19 年。”村民感慨地说。

随着“孤寡老人节”的逐年举办，越来越多孤寡老人知道了这个活动，纷纷赶来参加。肖爷爷已经参加这个活动很多次了，他说：“我现在不缺食物、衣服，但我和大家聚在一起时，比过年时更开心。”

2015 年，黄某注册成立“郓城县爱心义工协会”。这个协会最初只有几个人，但很快便扩大成为有 70 多人的志愿服务队伍。志愿者们利用业余时间帮助孤寡老人买煤、打扫卫生，为他们送米等，并积极参与郓城县居家养老服务中心的结对帮扶工作，用真心、热心、细心、贴心服务辖区孤寡老人。

为方便孤寡老人参加活动，自 2018 年起，黄某把“孤寡老人节”举办时间改定在每年重阳节前夕。在他的感召下，越来越多的爱心人士前来捐款捐物，帮助孤寡老人，乡村的“孤寡老人节”也逐渐成为全县的“爱心敬老节”。

如今，提起黄某，附近的孤寡老人纷纷竖起大拇指。黄某的香油坊也挂满了村民们送来的锦旗。黄某还获得了“山东省优秀退役军人”“菏泽市道德模范”“中国好人”等荣誉称号。

（摘编自：魏忠友、汪勇，《一位老兵和他的 19 个“孤寡老人节”》，《中国国防报》，2023 年 10 月 23 日）

（二）留守老人的婚姻家庭状况

留守老人是指因子女离开半年及以上而留守在家的老年人。留守老人的婚姻家庭关系相对复杂，家庭中有子女、老伴等，但由于子女远离，留守老人在婚姻家庭生活中会遇到很多困境，需要社会各界加以关注。

1. 困境

留守老人除了生活上无人照顾，精神上缺少慰藉，医疗上缺少支持，安全上缺少保障之外，还面临着其他困境。例如，有些留守老人还承担着抚养孙辈、赡养父辈的重任，由于缺乏足够的经济支持，他们需要依靠自己的劳动所得补贴家用。

2. 摆脱困境的措施

帮助留守老人摆脱困境，除了采取帮助孤寡老人摆脱困境的措施之外，还可以采取以下措施：

（1）营造孝老爱亲家庭氛围：① 强化家庭责任，弘扬孝老爱亲传统；② 加大《中华人民共和国老年人权益保障法》（以下简称《老年人权益保障法》）的宣传力度，督促留守老人的子女依法赡养老人；③ 曝光不赡养老人的典型案例，同时广泛开展孝老爱亲先进典型学习宣传活动；④ 引导子女常回家看看，为留守老人提供经济支持和情感慰藉。

（2）鼓励回乡创业就业：① 加大农村基础设施建设投入，大力调整农村产业结构，落实优惠扶持政策；② 引导外出务工人员回乡创业就业，为农村留守老人生活照料、精神慰藉提供便利；③ 在技术、经济上对回乡创业就业人员给予大力支持，给他们提供生财致富之道。

（3）提高信息化管理水平：① 加强留守老人信息管理，形成信息完整、动态更新的全国留守老人基础数据库；② 运用大数据分析留守老人的需求，为精准帮扶、精准关爱提供数据支撑；③ 加强与信息企业的协作，支持利用移动互联网、物联网等现代技术搭建高效、便捷、适用的智能服务网络平台，为留守老人与子女之间进行亲情沟通提供畅通的渠道。

政策引领

特殊困难老年人探访关爱服务的主要任务

特殊困难老年人包括独居、空巢、留守、失能、重残、计划生育特殊家庭等的老年人。《关于开展特殊困难老年人探访关爱服务的指导意见》针对开展特殊困难老年人探访关爱服务提出了以下5项主要任务：

（1）建立探访关爱服务机制。各地各部门要以县级行政区域为单位，落实县乡两级政府在保障老年人合法权益中的基本职责，结合实际确定探访关爱服务对象和内容。各县（市、区、旗）民政部门要指导乡镇（街道）开展特殊困难老年人摸底排查工作，村（居）民委员会协助实施，全面掌握特殊困难老年人基本信息和接受探访关爱服务的意愿，并推动纳入基层网格化管理，做到精准到村（居）、到户、到人。各地民政部门要结合开展探访关爱服务统筹做好分散供养特困老年人日常看护、生活照料等服务。卫生健康部门和残联组织要共享计划生育特殊家庭老年人、残疾老年人的基本数据。在全面摸底排查基础上，根据老年人实际情况、老年人或者其家庭成员的意愿，围绕居家养老存在的困难或者安全风险，分类提供探访关爱服务。

（2）丰富探访关爱服务内容。探访关爱服务要结合当地实际，在坚持个人自愿前提下，以满足实际需求为导向，着力解决老年人居家养老困难或者帮助化解安全风险。要通过探访，了解老年人表达能力、行动能力、反应能力、疾病情况、精神状况等健康方面情况；了解老年人是否存在衣食住行医等方面的困难，是否享受相关社会保障政策待遇等经济方面情况；了解与老年人分开居住的家庭成员是否履行赡养扶养义务，是否经常看望或者问候老年人；了解老年人家庭房屋和水电气暖设施设备是否存在安全隐患等安全方面情况；了解老年人是否有生活照料、康复护理、精神慰藉、居家适老化改造等服务需求情况等。要在探访基础上，结合本人意愿开展关爱服务。对可能符合相关社会保障政策待遇条件的特殊困难老年人，告知其依法申请，并视情给予必要协助；对居住环境存在安全隐患的，提醒其及时消除隐患，最大限度减少意外发生；对有生活照料、康复护理、精神慰藉、紧急救援、居家适老化改造等服务需求的，帮助对接养老服务和医疗健康等服务资源。

（3）充实探访关爱服务力量。各地民政部门要创新“五社联动”机制，形成群众性自治组织、基层老年协会、业主委员会、网格员、家庭医生、养老服务人员、社会工作者、志愿者、老党员、低龄健康老年人、亲属邻里等共同参与的探访关爱力量。发挥养老服务机构专业优势，采取政府购买服务等方式，通过社区日间照料中心等服务设施网络开展探访关爱服务。村（居）民委员会要在县乡两级政府的统筹协调和组织引导下，组织动员探访关爱服务人员履行职责。要发挥新时代文明实践中心作用，将探访关爱服务作为宣传群众、教育群众、关心群众、服务群众的重要内容。发挥家庭医生签约服务优势，通过开展上门巡诊、健康管理等及时了解掌握特殊困难老年人身体健康状况，做好慢病管理和健康监测。将特殊困难老年人探访关爱服务纳入乡镇（街道）社会工作服务站（点）服务内容，发挥社会工作专业优势，提供专业精准服务。鼓励城乡社区加强基层老年协会建设，坚持老有所养和老有所为相结合，支持基层老年协会参与特殊困难老年人探访关爱工作，组织“老伙伴”等互助活动，引导低龄老年人服务高龄老年人。各地教育部门要积极探索在校生志愿服务计学分活动，引导在校生积极参与特殊困难老年人探访关爱，进一步加强在校生尊老孝老敬老教育，不断培育和践行社会主义核心价值观。鼓励物业服务企业在开展日常巡查、上门维修等服务中同步开展探访关爱服务。积极组织志愿者、物流快递送餐人员参与探访关爱工作，为他们奉献爱心、服务社会搭建平台。

（4）提升探访关爱服务质量效率。研究制定探访关爱服务标准规范。根据老年人状况合理确定服务频次，对失能的特殊困难老年人，每月探访关爱不少于一次。民政部门依托“金民工程”全国养老服务信息系统等信息服务平台，建立完善全国特殊困难老年人基础数据库，进一步实现服务供需有效对接。对于探访中发现的需要进一步提供困难帮扶、心理疏导、情绪抚慰、家庭关系调适等专业服务的特殊困难老年人，要积极引入社会工作者等专业力量开展服务，推动建立长效服务机制，确保探访关爱服务取得实效。鼓励相关企业开发面向老年人各种活动场景的监测提醒功能，加强智能语音、北斗定位等技术应用，倡导老年人家庭配置智能呼叫系统、智能电水表、健康监测产品、养老监护装置等设备实现实时监护，一旦监测异常，能够及时预警，并同步向紧急联系人发送提示信息。

（5）做好探访关爱服务应急处置。探访关爱服务人员在探访过程中发现紧急问题时，应当第一时间协助拨打紧急求助电话，帮助联系其家庭成员或者其他紧急联系人，事后做好处置情况记录归档。在极端恶劣天气、传统节日等特殊时间节点，要适当增加探访频次，宣传普及安全知识、应急自救知识、健康知识等。

（摘编自：《关于开展特殊困难老年人探访关爱服务的指导意见》，
中国政府网，2022 年 9 月 27 日）

任务实施

采访老年人

【任务背景】

庞奶奶的丈夫在多年前患病去世，庞奶奶退休后就一直在儿子家居住，儿子已婚未育。庞奶奶和儿媳经常因为各种事情（如儿媳周末早上不按时起床吃早餐，庞奶奶没有将袜子和衣服分开洗等）争吵。两人之间的矛盾日益加深，家庭氛围也越来越紧张。

我们身边的老年人很多，他们的婚姻家庭类型不一样，但都存在各种各样的矛盾。这些矛盾如果不及时解决，可能影响老年人的身心健康，降低其生活质量。

【实施要求】

（1）5～8 人一组，从中选出一名小组长、一名记录员。小组长负责本次活动的具体分工，记录员负责记录活动过程。

（2）各小组选择一位老年人进行采访，并撰写一份采访提纲，采访提纲需要围绕以下内容展开：

① 受访老年人的婚姻家庭属于什么类型。

② 受访老年人在婚姻家庭中的角色和地位变化情况。

③ 受访老年人是否存在婚姻家庭矛盾，若存在，其婚姻家庭矛盾的类型是什么和产生原因有哪些。

（3）在采访过程中，如果发现老年人的婚姻家庭存在矛盾，小组成员可适当提出帮助其解决矛盾的建议。

（4）各小组根据采访提纲进行采访，并将记录员所记录的文字和视频整理成 PPT，可配上相应的采访视频。

（5）小组长进行课堂分享，教师进行点评。

学习成果自测

1. 填空题

（1）老年人社会关系是老年人在__________和__________过程中所形成的相互关系的总称。

（2）__________是指人们因所处地理位置接近而形成的社会关系。

（3）常见的老年人婚姻家庭矛盾包括__________和__________。

（4）__________是指无配偶、无子女、无人照顾，丧失劳动能力的老年人。

（5）留守老人是指因子女离开__________而留守在家的老年人。

2. 选择题

（1）（　　）是指人们因职业或行业活动而形成的社会关系。

A．亲属关系　　B．同乡关系　　C．业缘关系　　D．趣缘关系

（2）老年人通过与他人建立社会关系，提高了自己的社会参与度。这体现了建立和维护老年人社会关系的（　　）作用。

A．促进社会参与　　B．提高健康水平

C．提供经济支持　　D．满足情感需求

（3）黄爷爷的家由黄爷爷夫妇、大儿子夫妇、孙女组成，那么黄爷爷的婚姻家庭类型属于（　　）。

A．核心家庭　　B．主干家庭

C．联合家庭　　D．隔代家庭

（4）进入老年期后，一些老年人会遇到丧偶的情况。这体现了老年人婚姻家庭角色变化中的（　　）。

A．父母角色转变为祖父母角色　　B．配偶角色转变为单身角色

C．工具角色转变为情感角色　　D．劳动角色转变为被供养角色

（5）下列选项中，不属于老年人预防夫妻冲突的方法的是（　　）。

A．及时向配偶表达自己的想法和感受

B．在与配偶沟通时，避免使用过多的批判性、否定性语言

C．与配偶一起探索兴趣爱好

D．拒绝与配偶沟通，采用回避的方式避免冲突

3．简答题

（1）老年人社会关系的特点有哪些？

（2）简述老年人在婚姻家庭中的地位变化。

（3）帮助孤寡老人摆脱家庭生活困境的措施有哪些？

学习成果评价

请进行学习成果评价，并将评价结果填入表 3-1 中。

表 3-1　学习成果评价表

<table>
<tr><td>班级</td><td></td><td>姓名</td><td colspan="2"></td></tr>
<tr><td>学号</td><td></td><td>指导教师</td><td colspan="2"></td></tr>
<tr><td>项目名称</td><td colspan="4">老年人社会关系</td></tr>
<tr><td>评价项目</td><td>评价内容</td><td>分值</td><td>自我评分</td><td>教师评分</td></tr>
<tr><td rowspan="5">知识
（40%）</td><td>老年人社会关系的特点和类型</td><td>10</td><td></td><td></td></tr>
<tr><td>老年人建立和维护社会关系的作用，促进老年人建立和维护社会关系的措施</td><td>10</td><td></td><td></td></tr>
<tr><td>老年人的婚姻家庭类型、老年人在婚姻家庭中的角色和地位变化</td><td>10</td><td></td><td></td></tr>
<tr><td>常见的老年人婚姻家庭矛盾</td><td>5</td><td></td><td></td></tr>
<tr><td>特殊老年人的婚姻家庭状况</td><td>5</td><td></td><td></td></tr>
<tr><td rowspan="2">技能
（40%）</td><td>能够指导老年人建立和维护社会关系</td><td>20</td><td></td><td></td></tr>
<tr><td>能够指导老年人预防婚姻家庭矛盾</td><td>20</td><td></td><td></td></tr>
<tr><td rowspan="4">素养
（20%）</td><td>具备良好的学习态度</td><td>5</td><td></td><td></td></tr>
<tr><td>具备团队精神</td><td>5</td><td></td><td></td></tr>
<tr><td>培养团结友爱、乐于助人的美好品德</td><td>5</td><td></td><td></td></tr>
<tr><td>传承雷锋精神，弘扬时代新风</td><td>5</td><td></td><td></td></tr>
<tr><td colspan="2">合计</td><td>100</td><td></td><td></td></tr>
<tr><td colspan="2">总分（自我评分×40%+教师评分×60%）</td><td colspan="3"></td></tr>
<tr><td>自我评价</td><td colspan="4"></td></tr>
<tr><td>教师评价</td><td colspan="4"></td></tr>
</table>

项目四
老年人社会参与

项目引言

老年人一般具有丰富的知识和经验、娴熟的技能，通过社会参与，他们不仅能够继续发挥自己的价值，实现老有所为，也能够丰富精神生活和物质生活，延缓衰老进程。

再就业是老年人社会参与的主要形式之一。了解老年人再就业的相关知识，有利于有针对性地采取措施促进老年人社会参与。

知识目标

- 熟悉老年人社会参与的特点、意义、主要活动。
- 掌握促进老年人社会参与的措施。
- 熟悉老年人再就业的特点、意义、主要方式和行业。
- 熟悉老年人再就业的困境。
- 掌握促进老年人再就业的措施。

素质目标

- 通过学习“老年人对青少年进行优良传统教育”案例，培养爱国之情、砥砺强国之志、实践报国之行，弘扬爱国主义精神。
- 通过学习“退休医务人员返聘回岗，实现知识、技术传帮带”案例，弘扬互帮互助、共同进步的精神。

任务一　熟悉老年人社会参与

任务导入

发光亦发热　银龄须生辉

随着社会的发展和人们生活水平的提高，人均预期寿命和健康预期寿命均有所延长。越来越多老年人不再在家颐养天年、含饴弄孙，而是选择老有所为，积极进行社会参与。老年人社会参与的形式多种多样，以下介绍两种形式。

1．退而不休，在热爱的事业中继续发光

从事夏代考古与文物学术研究的李爷爷在退休后继续研究夏商文化，他不仅撰写了相关著作，还参与了青铜器（见图 4-1）定级等工作。他说："老骥伏枥，志在千里。我退休后继续从事研究，不仅能继续做自己喜欢的事，还能传承和弘扬中华文化。这让我觉得自己很有价值，感到很幸福。"

图 4-1　青铜器

2．参与志愿服务

金爷爷在铁路部门工作了 42 年，退休之后，他想让更多人了解铁路人为人民服务的精神。经过努力后，金爷爷成为某铁路博物馆的志愿者。金爷爷说："为了给参观者普及铁路知识，我查阅了很多资料，同时积极向一些专家学者学习有关文物的知识。这既拓宽了我的知识面，也让我觉得做志愿服务很有意义。"

（摘编自：陈之殷，《发光亦发热 银龄须生辉》，《光明日报》，2024 年 2 月 19 日）

思考：

（1）从上述案例中可以看出，老年人社会参与的意义有哪些？

（2）老年人社会参与的主要领域有哪些？

一、老年人社会参与的特点

老年人社会参与是指老年人以某种方式参与政治生活、经济生活、文化生活、社会生活等，从而影响社会发展的过程和方式。我国老年人社会参与主要呈现以下特点。

（一）高意愿低参与

我国老年人整体社会参与意愿较高，大多数老年人愿意参与诸如协助调解邻里纠纷、维护社区卫生环境和维持社区治安等活动。但由于参与渠道、身体机能等的限制，实际参与社会活动的老年人口占老年总人口的比重较小。

（二）城乡差异大

城乡老年人在受教育程度、经济水平、社会保障等方面有差距，导致城乡老年人社会参与的差异性较大。就经济水平方面的差距而言，一般城镇老年人有更多的时间、金钱与精力去参与娱乐活动，而农村老年人则花更多的时间、精力在经济活动上以满足家庭经济需要。

（三）家庭参与度高

在我国，双职工的家庭越来越多。在这种家庭里，往往由老年人作为料理家务、照顾孩子的主力军。此外，有些老年人的身体机能、精力均有所下降，他们会主动减少家庭以外活动的参与度。

（四）网络参与度较高

网络参与度是指人们在互联网上的活跃程度。随着信息技术发展和互联网应用适老化改造推进，网络参与逐渐成为老年人社会参与的新方式，老年人的网络参与度日益提高。根据中国互联网络信息中心（CNNIC）发布的第 52 次《中国互联网络发展状况统计报告》，截至 2023 年 6 月，我国老年网民规模达 1.4 亿，有 54.6%的老年网民至少掌握了一种初级数字化技能。可见，老年人网络参与度较高。值得注意的是，老年人网络安全意识较弱，容易受到网络诈骗和虚假信息的侵害，老年人在进行网络参与过程中应辨别网络信息。

二、老年人社会参与的意义

（一）个人意义

对个人而言，老年人社会参与具有丰富晚年生活、促进身心健康和实现自我价值等意义。

1．丰富晚年生活

许多老年人在退休后，社交圈越来越小，生活变得单调。而在社会参与的过程中，老年人可以培养兴趣爱好，建立新的社会关系，扩大社交范围等，从而使晚年生活更丰富。

2．促进身心健康

老年人通过社会参与，扮演新的社会角色，可以避免自己与社会隔离，从而缓解退休后内心的孤独感、失落感，维持比较好的心理状态。此外，通过社会参与，老年人还可以保持一定的活动水平，从而延缓活动能力下降速度，降低伤残和失能的概率。

3．实现自我价值

老年人通过参与志愿服务、参与公益事业、再就业等，可以继续发挥自己的才干，为他人和社会服务，从而得到他人和社会的认可，实现自我价值。

（二）家庭意义

对家庭而言，老年人社会参与的意义如下：

（1）老年人通过社会参与，有利于保持自身的身心健康，从而减轻家庭的养老负担。

（2）老年人通过为子女提供照顾孙辈、料理家务等的支持和帮助，可以减轻子女的负担，使子女能更好地投入到工作中，从而促进家庭和谐发展。

（三）社会意义

对社会而言，老年人社会参与的意义如下：

（1）很多老年人退休后仍然有能力、有意愿为社会发展做贡献。如果能够有效发掘这些老年人力资源，并引导更多的老年人参与社会发展，不仅有助于增加我国劳动力供给，还有助于减轻社会的养老负担，提高老年人的社会认可度。这对我国积极应对人口老龄化具有重要意义。

（2）老年人通过社会参与，特别是参与一些社会公益性劳动，不仅可以创造新的劳动价值，还可以发挥正向宣传、引导作用，从而让更多人参与到社会公益性劳动中去。

同步案例

有意义的晚年生活

在现代社会，越来越多的老年人通过社会参与，发挥正能量，为社会做出新贡献。

1.“绘”出正能量

吴爷爷创作了许多幅漫画，主题涉及冬奥会、垃圾分类……他的漫画栩栩如生，不仅描绘了生活点滴，还传递了文明新风。他说：“我每天的生活都很充实，上午参加社区公益活动；下午在家里一边画画，一边直播向观众讲述绘画技巧；晚上会在社交软件上跟朋友们聊天，与画友探讨作品。通过这些活动，我能把生活中的正能量传递出去。这让我觉得特别有成就感。”

2.“燃”出新光彩

陈奶奶是某公益互助餐厅的志愿者。每天凌晨 5 点，她就准时起床，快速洗漱后便赶往公交站坐车去公益互助餐厅。虽然每天都需要早起赶车，但陈奶奶并不觉得累，她说：“有人说我是在燃烧自己，奉献他人。但实际上，我的行为是互利共赢的，既减轻了政府、子女的负担，也让自己的晚年生活更有意义。”

（摘编自：翟伟、孟含琪、李双溪等，《让老年人都有幸福美满的晚年》，《新华每日电讯》，2023 年 10 月 23 日）

三、老年人社会参与的主要活动

（一）对青少年和儿童进行优良传统教育

老年人可以结合自身经历与经验，通过言传身教、著书立说等方式对青少年和儿童进行社会主义、爱国主义、集体主义和艰苦奋斗等优良传统教育，引导他们树立正确的世界观、人生观、价值观。这种教育方式不仅有助于青少年和儿童坚定文化自信和增强民族自豪感，还有助于传承和发扬优良传统。

同步案例

老年人对青少年进行优良传统教育

化成小学开展了“五老”进校园教育宣讲活动。

在活动中，王爷爷从历练自身、躬耕教育、做合格党员、带领身边人共同进步等方面给化成小学的师生上了一堂生动且催人奋进的党课。王爷爷阐释了他对中国共产党的理解，表达了他对中国共产党的忠诚，并以自身的工作经历，鼓励青少年用知识、技能武装自己，怀揣强烈的责任感和浓厚的爱国情怀努力学习。

老战士陈爷爷向师生讲述了自己的参战故事。学生们从陈爷爷和他的战友们在战场上战胜一个个困难、取得一次次成功的故事中，认识到今天的幸福生活是无数革命先烈用鲜血和生命换来的，需要好好珍惜。有学生满怀激情地说：“我们一定要牢记党的恩情，努力学习文化知识、强身健体、练就本领，长大后做新时代的优秀建设者和接班人，肩负起实现中华民族伟大复兴的历史使命。”

此次活动的开展，不仅丰富了王爷爷和陈爷爷的精神文化生活，提高了他们的社会参与度，加强了广大师生对老年人的尊重，而且进一步深化了青少年对党的认识，引导他们继承和发扬党的优良作风，将爱祖国、爱人民的情怀厚植于心中。

（摘编自：冯晶、袁菊华，《巴中市巴州区化成小学开展“五老”进校园教育宣讲活动》，中国网，2023 年 12 月 6 日）

（二）传授文化和科技知识

老年人经过长期实践，见证了文化和科技的发展，积累了丰富的文化和科技知识。老年人可以通过授课（见图 4-2）、组织讲座、发表文章、进行技术指导等方式向大众传授文化和科技知识。

图 4-2　授课

老年文化和科技工作者是国家发展的宝贵财富、重要资源，是建设文化强国、科技强国的重要力量。

（三）提供咨询服务

有些老年人拥有丰富的工作经验和专业知识，退休后仍可以为他人、企业或政府部门等提供有价值的咨询服务，如为他们解惑释疑，帮助他们做出科学的决策等。例如，身体状况良好的退休医生（见图 4-3），可以为他人提供健康咨询服务，帮助他人保持身心健康。

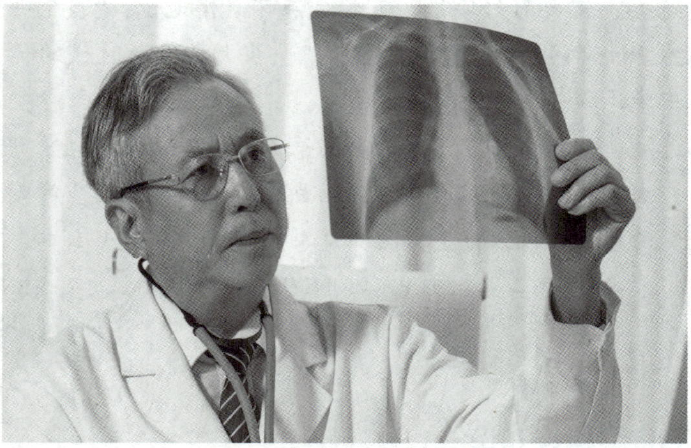

图 4-3　退休医生

（四）依法参与科技开发和应用

在遵守相关法律法规的前提下，有能力的老年人可以通过参与科技开发和应用，推动相关产业升级，为科技进步和社会发展做出自己的贡献，从而为更多人带来福祉。参与这类活动，需要老年人具有较高的科技素养和较强的创新意识，同时也需要他们具有不断学习和适应新技术发展的能力。

课堂互动

我国有很多科技工作者在退休后仍不断努力，发光发热，为国家发展做出重要贡献。你知道哪些老年科技工作者？请分享他们的事迹。

（五）依法从事经营和生产活动

依法从事经营和生产活动是老年人社会参与的重要方式。无论是在农村还是在城镇，都有大量的老年人从事零售、农作物种植（见图 4-4）、牲畜养殖、农副产品加工等经营和生产活动。

图 4-4　农作物种植

（六）参加志愿服务、兴办社会公益事业

志愿服务是指个人基于道义、良知、慈善和责任而自愿奉献时间和精力，不以物质报酬为条件，利用自身的知识、技能或财力，为社会及他人尤其是困难群体提供各种形式的公益性服务行为和活动。社会公益事业是指非营利的下列事项：① 救助灾害、救济贫困、扶助残疾人等困难的社会群体和个人的活动；② 教育、科学、文化、卫生、体育事业；③ 环境保护、社会公共设施建设；④ 促进社会发展和进步的其他社会公共和福利事业。

老年人有更多的闲暇时间，对社会有更加深刻的认识，可以在志愿服务和社会公益事业中发挥独特的价值。具体而言，老年人可以以个人或组织的形式参与环境保护、扶贫济困、医疗护理、法律援助等志愿服务，有能力的老年人还可以兴办社会公益事业，如兴办学校等。

（七）参与维护社会治安、协助调解民间纠纷

老年人可以在自己的能力范围内参与维护社会治安活动，如社区、工厂、学校等场所的治安保卫工作、安全教育与宣传工作、公共秩序维护工作、消防安全检查工作等。此外，老年人有着较为丰富的人际交往经验，可以在协助调解家庭纠纷、邻里纠纷等民间纠纷方面发挥重要的作用。

（八）其他活动

除了上述活动，老年人还可以参与以下活动。

1．依法行使享有的政治权利

老年人作为公民，享有参与国家政治生活的权利。老年人享有的政治权利主要包括选举权和被选举权；言论、出版、集会、结社、游行、示威自由的权利，对于任何国家机关和国家工作人员，提出批评和建议的权利；对于任何国家机关和国家工作人员的违法失职行为，提出申诉、控告或检举的权利，等等。

2．提出政策、法规的制定意见和建议

老年人作为社会经验、人生阅历丰富的群体，他们的意见和建议对于政策、法规的制定具有重要意义。《老年人权益保障法》第六十八条规定："制定法律、法规、规章和公共政策，涉及老年人权益重大问题的，应当听取老年人和老年人组织的意见。老年人和老年人组织有权向国家机关提出老年人权益保障、老龄事业发展等方面的意见和建议。"

老年人可通过参与公众意见征集、专家咨询会等提出政策、法规的制定意见和建议。

3．接受教育

老年人可以通过参加各种老年培训课程继续接受教育，这种以老年人为对象所实施的教育称为老年教育。老年教育的内容主要包括营养与保健、音乐与舞蹈、手工与园艺、文化等的知识，以及职业训练等。老年人可以通过在老干部活动站、老年之家、老年大学等机构内上课、听讲座等方式接受老年教育。通过接受老年教育，老年人可以学习知识和技能，从而更顺利地适应退休生活，更好地参与社会活动。

知识拓展

老年教育的意义

老年教育的意义可以从个人层面和社会层面去分析。

1．个人层面

（1）老年教育通过适合老年人的方式向老年人传授知识和技能，有利于促使老年人适应并更好地融入快速发展的社会。

（2）老年教育向老年人传授健康知识，有助于其养成科学的生活习惯，从而延缓生理和心理的衰老进程。

（3）老年教育能为老年人提供建立新的社会关系的机会，帮助老年人培养兴趣爱好，使其晚年生活更充实。

（4）老年教育有助于增进老年人与年轻人之间的交流，促进家庭和谐发展。

2．社会层面

（1）老年教育是建设学习型社会、学习型大国的必由之路。党的二十大报告提出，要建设全民终身学习的学习型社会、学习型大国。建设人人皆学、处处能学、时时可学的学习之邦，离不开老年学习。没有老年人群的学习，就没有全民学习；没有老年年龄段的学习，就没有终身学习。

（2）老年教育是实现教育公平的应有之义。在学习型社会背景下，教育公平应当关注的是人在整个生命过程中所享有的教育资源合理分配；教育公平是国家基本的教育政策，接受教育是老年人依法享有的权利。

（3）老年教育是积极应对人口老龄化的关键之举。大力发展老年教育，为老年人提供更丰富、优质的教育资源，满足老年群体多元化的精神文化需求，有利于缓解人口老龄化压力，促进所有人的全面发展，真正实现老有所学、老有所为、老有所乐。

4．参加体育和娱乐活动

老年人可以通过参加慢跑、广场舞、太极拳、棋艺比赛（见图 4-5）等各类体育或娱乐活动，丰富精神文化生活，保持身心健康，同时增进与他人的交流。

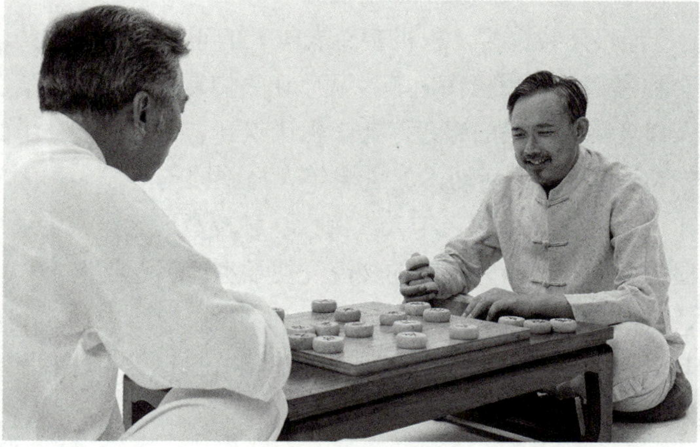

图 4-5　棋艺比赛

课堂互动

某天，柳爷爷在家打扫完卫生后前往市博物馆。途中，柳爷爷遇到了一位盲人，便热心地扶这位盲人过马路。到达市博物馆后，柳爷爷开始了维护博物馆治安的志愿服务工作。结束工作后，柳爷爷坐车回家。晚饭后，柳爷爷在直播间免费讲授书法技巧和回答书法知识方面的问题。

讨论：柳爷爷一天参与了哪些活动？

四、促进老年人社会参与的措施

我国低龄老年人大多拥有较好的身体素质，依然能为社会创造价值。为促进老年人社会参与，可从观念、制度、环境、教育四个方面采取积极措施。

（一）改变消极观念

在观念方面，要改变社会对老年人的消极看法和老年人对自身的消极看法，使人们积极看待老年人，认识到老年人的社会价值，从而挖掘老年人的潜力，发挥老年人的价值。改变消极观念的主要措施如下。

1. 倡导全社会积极看待老年人

社会对老年人的看法会影响老年人的自我认知。当社会大多数人都认为老年人对社会发展仍具有积极作用时，会增强老年人社会参与的自信心，从而使他们更愿意参与社会发展。为促进全社会积极看待老年人，可以采取以下措施：

（1）通过学校教育和公共宣传，积极塑造老年人的正面形象，宣传老年人的智慧、价值，以及他们在社会和家庭中的积极作用等，从而让人们真正认识老年人的价值。例如，学校设置与老年人、人口老龄化相关的课程，让学生认识到老年人在社会中的价值。

（2）通过学校、家庭和社区活动，促进老年人与不同年龄段人群之间的交流，使其他年龄段人群（如青年人）尊重和理解老年人。例如，学校邀请老年人为学生讲述他们的人生经历和经验教训，促进学生与老年人之间的交流，使学生理解老年人。

2. 鼓励老年人积极看待自己

有些有社会参与意愿的老年人可能会因为年老而担心自己做不好相关工作。为了鼓励老年人积极看待自己，可以采取以下措施：

（1）通过开展相关讲座、研讨会等，为老年人普及积极老龄化的知识，让老年人认识自己的价值，增强社会参与的信心。

（2）社区定期开展一些适合老年人参与的活动，如社区环境美化志愿服务等，让老年人在参与这些活动的过程中认识自己的价值。

（二）完善制度体系

目前，我国很多部门、机构、企业和社会组织在志愿服务、就业等方面均设置了年龄门槛，一些老年人因此而无法参与相关活动。在制度上打破年龄限制，促进老年人社会参与，可以采取以下措施：

（1）健全相关法律法规和政策，保障老年人社会参与的合法权益，解决老年人的后顾之忧。

（2）制定鼓励老年人再就业、银龄互助等制度，并消除参与志愿服务项目的年龄限制等，从而保障老年人社会参与不受年龄限制。例如，用人单位可以制定按照按需聘请、个人自愿劳动原则，鼓励专业技术人才合理延长工作年限的制度。

（3）完善老年人社会参与的政策措施，充分发挥老年人的作用。

政策引领

鼓励老年人继续发挥作用的措施

为促进老年人社会参与，在鼓励老年人继续发挥作用方面，《中共中央 国务院关于加强新时代老龄工作的意见》中提出了以下措施：

（1）把老有所为同老有所养结合起来，完善就业、志愿服务、社区治理等政策措施，充分发挥低龄老年人作用。

（2）在学校、医院等单位和社区家政服务、公共场所服务管理等行业，探索适合老年人灵活就业的模式。

（3）鼓励各地建立老年人才信息库，为有劳动意愿的老年人提供职业介绍、职业技能培训和创新创业指导服务。

（4）深入开展"银龄行动"，引导老年人以志愿服务形式积极参与基层民主监督、移风易俗、民事调解、文教卫生等活动。

（5）发挥老年人在家庭教育、家风传承等方面的积极作用。

（6）加强离退休干部职工基层党组织建设，鼓励老党员将组织关系及时转入经常居住地，引导老党员结合自身实际发挥作用，做好老年人精神关爱和思想引导工作。

（7）全面清理阻碍老年人继续发挥作用的不合理规定。

（摘编自：《中共中央 国务院关于加强新时代老龄工作的意见》，
中国政府网，2021 年 11 月 24 日）

（三）加强环境建设

在环境方面，主要措施包括建设适老化生活环境、优化老年文化体育服务环境、搭建老年信息平台等。

1．建设适老化生活环境

生活环境适老化程度的不足，会阻碍部分有意愿、有机会但行动能力受限的老年人参与社会活动。因此，应该从居住、出行等多个方面出发，加强老年宜居环境建设，为老年人提供适老化的生活环境，具体措施如下：

（1）重点对楼梯、电梯、坡道、道路等公共通行建筑进行适老化改造，为老年人社会参与提供出行便利。

（2）在机场、火车站、汽车客运站等公共交通场所设置老年人专席和绿色通道。

（3）对老年人住宅进行安全隐患排查和改造，加强建设老年宜居住宅。

孝亲敬老

适老化改造助力老年人享受幸福生活

近年来，重庆多措并举持续推进适老化改造项目，从改造室内生活环境到建造适老化公共场所，从完善养老服务设施到推进无障碍环境建设，进一步增强了老年人生活的便利性。

1. 居民点单、按需改造，居家适老化改造更安心

为确保室内适老化改造精准匹配老年人需求，沙坪坝区各街道、社区前期开展了入户调查，了解了老年人的需求，当地民政局将老年人的需求汇总后制作了改造清单，并分发给老年人，由老年人自主选择改造项目。

“适老化改造项目不能‘一刀切’，因为每位老年人的需求不一样。例如，有的老年人需要加装多功能护理床，而有的老年人的房间面积较小，无法额外加装护理床。”相关人员说，“老年人点单后，我们会免费上门为他们提供需要的改造服务，从而让他们享受到更加舒适的晚年生活。”

在这次的适老化改造过程中，独居老人杨奶奶除了选择传统的地面、扶手等改造项目，还在社区工作人员的提醒下，选择了加装门磁项目；无法自行起身的宫爷爷选择了加装电动床、防滑垫、智能医药箱等改造项目。

2. 惠及群众、统筹推进，公共场所适老化改造更贴心

为了方便老年人社会参与，南岸区弹子石街道裕华街社区对社区的院坝进行了适老化改造。例如，在道路上铺了透水防滑砖，健身区域建设了塑胶跑道（见图 4-6），以免老年人摔倒；在院坝加装了椅子，椅子旁边安装了扶手；对乒乓球台等老年人常用的运动器材进行了更新；等等。

图 4-6　塑胶跑道

像这样改造过的公共场所，在重庆越来越多。例如，在沙坪坝区土湾街道，路边杂物被清理，公园更干净，方便老年人晨练结束后在这里喝茶聊天；在渝北区双龙湖街道，公园内的阶梯旁增加了扶手，以免老年人摔倒；重庆高新区会定期修剪公园的树枝，以免树枝遮挡光线。

（摘编自：常碧罗，《重庆多措并举持续推进适老化改造项目　适老化改造提升生活品质》，《人民日报》，2023年10月13日）

2．优化老年文化体育服务环境

随着社会经济的快速发展，老年人在物质需求得到满足后，对精神文化的需求日益增长。为满足老年人的精神文化需求，须优化老年文化体育服务环境。对此，可以采取以下措施：

（1）整合现有资源，盘活空置房、公园、商场等资源，积极为老年人提供文化体育活动场所，组织开展文化体育活动，满足老年人娱乐、健身、学习、消费、交流等方面的需求。

（2）大力建设适合老年人开展教育、健身、交流活动的场所。

（3）相关部门做好规范和管理工作，加大老年文化体育活动场所的维护力度。

3．搭建老年信息平台

老年信息平台能够为老年人提供全面的社会参与信息。在政府引领和指导的前提下充分发挥市场机制活力，为老年人社会参与搭建信息平台，可以采取以下措施：

（1）打造属于老年人的网络社区，为老年人提供分享自己生活与感受的平台。

（2）建立老年人才信息服务平台，为老年人才、涉老组织、为老服务机构及用人单位提供老年人才信息服务。平台在经过可信度筛选的前提下，为有劳动意愿的老年人提供职业介绍服务。

（四）加强老年教育

在教育方面，主要是扩大老年教育资源供给和发展多样化的老年教育，以使更多老年人能接受多种多样的教育。

1．扩大老年教育资源供给

老年人学习需求旺盛、学习资源供给不平衡，是目前老年教育面临的主要困境。对此，《中共中央　国务院关于加强新时代老龄工作的意见》中提出了以下措施：

（1）将老年教育纳入终身教育体系，教育部门牵头研究制定老年教育发展政策举措，采取促进有条件的学校开展老年教育、支持社会力量举办老年大学（学校）等办法，推动扩大老年教育资源供给。

（2）鼓励有条件的高校、职业院校开设老年教育相关专业和课程，加强学科专业建设与人才培养。

（3）编写老年教育相关教材。

如何更好地开展老年教育

（4）依托国家开放大学筹建国家老年大学，搭建全国老年教育资源共享和公共服务平台。

（5）创新机制，推动部门、行业企业、高校举办的老年大学面向社会开放办学。

2. 发展多样化的老年教育

为发展多样化的老年教育，可以采取以下措施：

（1）开设智能手机应用、电脑应用（见图 4-7）、互联网应用等课程，帮助老年人掌握智能化和辅助化技术设备的使用方法，提升生活品质。

图 4-7　电脑应用课程

（2）开设各类兴趣课程，如音乐基础课、书法基础课等兴趣课，丰富老年人的生活。

（3）为老年人提供就业技能再培训服务，满足健康老年人的就业和延迟退休意愿，助力其继续发挥价值。

（4）针对老年人的学习特点，采用适合老年人的教学方式。例如，可以采用小班授课、互动教学等方式教学，以提高老年人的学习兴趣和效果。

课堂互动

社区可以采取哪些措施促进老年人社会参与？请举例说明。

任务实施

调查身边老年人的社会参与情况

【任务背景】

作为积极老龄化的重点内容，老年人社会参与一直备受关注。了解老年人社会参与情况对评估社会支持需求、促进老年人社会融入、制定有效的政策，以及推动社会和谐发展等都具有重要意义。

【实施要求】

（1）3～5 人一组，从中选出一名小组长，小组长负责本次活动的具体分工。

（2）小组成员可通过问卷调查法、访谈法等方法，对身边老年人的社会参与情况进行调查，具体需了解以下内容：

① 老年人社会参与的意愿。

② 老年人社会参与的领域和具体活动。

③ 老年人社会参与的频率。

④ 老年人社会参与的影响。

（3）各小组对收集到的资料进行分析，并将分析结果整理成报告，报告形式为 Word 文档或 PPT。

（4）小组长进行课堂分享，教师进行点评。

任务二　熟悉老年人再就业

任务导入

正确看待老年人再就业

老年人再就业是老年人和用人单位相互选择的结果。

老年人选择再就业，主要有两个原因。一是生活压力，有些老年人出于各种原因，手头并不宽裕，他们不愿意成为子女负担，因而选择再就业。二是生活动力，有些老年人有着对美好生活的向往，他们想通过再就业获得更高的收入，满足更高层次的消费需求；有些老年人拥有一技之长，知识储备丰富，他们想让生活更充实，在老有所为中实现老有所乐，因而选择再就业。

用人单位愿意聘用老年人，主要有以下两个原因。一是用工成本低，用人单位聘用老年人与聘用年轻人相比，可以在一定程度上节约用工成本。二是岗位匹配度高，对于一些不需要复杂技术，不需要较强体力，而且成长空间有限不受年轻人青睐的岗位，与老年人的匹配度更高。

目前，老年人再就业存在困境，如按照现行相关法律规定，老年人与用人单位的关系被视为劳务关系而不是劳动关系，对老年人在获得报酬、工伤赔偿等方面的界定不够清晰等，这些困境不仅增加了老年人和用人单位双方的风险，还阻碍了老年人再就业。

（摘编自：毛建国，《用发展眼光看待老年人再就业》，人民政协网，2022 年 9 月 14 日）

思考：

（1）老年人再就业的意义有哪些？

（2）从上述内容中可以看出，老年人再就业的困境有哪些？

一、老年人再就业的特点

老年人再就业是指退休后具有劳动能力和劳动意愿的老年人重新参与工作并获得经济收入的活动。老年人再就业的特点如下。

（一）以低龄老年人为主

第七次全国人口普查数据显示，60～64 岁和 65～69 岁老年人的就业率分别为 34.43%和 27.49%，而 70 岁及以上老年人的就业率为 11.76%。可见，目前我国低龄老年人的就业率远高于中龄老年人和高龄老年人。这可能是受老年人身体健康状况、退休前职业类型等多种因素的影响。

（二）城乡差异和性别差异大

1．城乡差异大

第七次全国人口普查数据显示，60～64 岁的城镇和农村老年人的就业率分别为 18.83%和 46.11%。可见，农村老年人的就业率远远高于城镇。这可能是因为大部分城镇老年人的养老金和存款较为充足，而大部分农村老年人没有较为充足的养老金和存款，需要通过再就业获得经济收入。

2．性别差异大

第七次全国人口普查数据显示，60～64 岁的男性和女性老年人的就业率分别为 38.62%和 25.17%。可见，老年人的就业率还存在明显的性别差异性。这可能是受传统观念和社会角色定位的影响。在传统观念中，男性通常被视为家庭的经济支柱，即使在老年阶段，他们也可能继续工作以维持家庭经济状况；而女性通常被视为家务劳动的主要承担者，在老年阶段，她们也会更多地参与家务劳动，再就业意愿较弱。

（三）就业类型相对单一

2019 年人口就业数据资料显示，60～64 岁老年就业人口中，64.6%的就业身份构成为自营劳动者，65 岁及以上自营劳动者的比例上升为 76.9%。可见，老年人就业类型相对单一，且大多数为体制外就业。

小贴士

自营劳动者是指自我雇佣者（自谋职业）和以个人身份从事职业活动的自由职业者等。

（四）以增加经济收入为首要目的

某机构对老年人再就业的目的进行了调查，调查结果表明大多数老年人再就业的首要目的是增加经济收入，还有一些老年人的主要目的是保持经济独立，而以为社会服务、发挥余热、充实生活为主要目的的老年人只占一小部分。

二、老年人再就业的意义

（一）实现社会价值

有些老年人在其职业生涯中积累了丰富的专业知识，练就了高超的技能。通过再就业，他们可以继续运用这些知识和技能，并向年轻一代分享和传授这些知识和技能，实现传帮带，从而实现自己的社会价值。

同步案例

退休医务人员返聘回岗，实现知识、技术传帮带

某医院的77名退休医务人员被返聘回岗，他们均为副高级及以上专家。该医院院长说："返聘的专家不仅是各自专业领域的佼佼者，也是医院发展的创造者和见证者，更是医院的宝贵财富。他们返回岗位工作，不仅发挥了余热，也实现了传帮带。"

原泌尿外科主任肖医生是本次返聘专家之一，在退休时就想继续工作，他说："我选择返聘回岗有两个原因。一是返聘回岗可以让我享受退休生活，二是我觉得我还年轻，可以继续用自己的专业知识、技能服务更多患者，并将医学知识、临床经验传授给年轻医生。"

"我在成长道路上，获得很多前辈的启发和帮助，没有他们的传帮带，我无法获得现在的成就。老专家是我们职业生涯能力提升的阶梯。"原消化内科主任宋医生说。在老一辈医务人员身上，宋医生学到了视患如亲、勤学好问、任劳任怨、坚守初心和无私教诲的珍贵品质。

该医院副院长介绍，医学人才的培养花费时间很长，通常需要十几年才能成就一名专家。专家们的经验和医德的传承对一个医院的发展非常重要。

（摘编自：赵黎浩，《77名老医师被返聘回岗进行传帮带》，《工人日报》，2023年4月1日）

（二）缓解劳动力供给不足状况

经济的可持续发展离不开人才储备，而老年人是十分重要的人力资源。有的老年人拥有几十年工作积累下来的经验，是高技术人力资源。老年人再就业不仅可以降低用人单位的人力资源培训成本，还可以避免由退休造成的高学历、高技术人力资源的浪费，有效延长人口红利期和挖掘二次人口红利，从而缓解人口老龄化引起的劳动力供给不足的状况，为我国经济持续发展赋能。

（三）减轻养老压力

再就业的老年人可以通过自己的劳动获得收入，减轻对子女和社会的经济依赖，从而减轻家庭和社会的养老负担。

（四）提高生活质量

老年人通过再就业，可以提高经济收入，从而更好地满足自己在日常生活、医疗保健、文体娱乐等方面的消费需求，提高生活质量。

三、老年人再就业的主要方式和行业

（一）老年人再就业的主要方式

老年人再就业主要有以下几种方式：

（1）退休返聘就业。这是老年人再就业的一种常见方式，许多企事业单位会邀请经验丰富的退休员工回到原单位以顾问、研究员等身份继续工作。

（2）参与招聘就业。有些老年人会通过各种招聘渠道，如参加老年招聘会等，寻找适合自己的工作机会。

（3）自主创业。有些有创业意愿和能力的老年人会选择自主创业，如开小型超市、餐馆等。采用这种再就业方式，老年人需要有一定的资源，同时有更大的自主性。

（4）社区安排就业。有些社区会安排一些治安、市容、公共场所管理等职位给老年人。采用这种再就业方式，老年人不仅能在家附近找到合适的工作，还能更好地融入社区，与邻居建立更紧密的联系。

（5）务农。这是一种特殊的老年人再就业方式。有些老年人退休后，从事农业生产（见图 4-8），从而实现再就业。

图 4-8　从事农业生产

课堂互动

（1）吴爷爷退休后回到家乡养鱼。

（2）汤爷爷退休后被学校聘请回去继续任职。

（3）楚奶奶在夜市摆摊。

（4）白奶奶在人才市场找了一份家政工作。

讨论：以上老年人再就业分别属于哪种方式？

（二）老年人再就业的主要行业

第七次全国人口普查数据显示，我国老年人再就业的主要行业如图 4-9 所示。

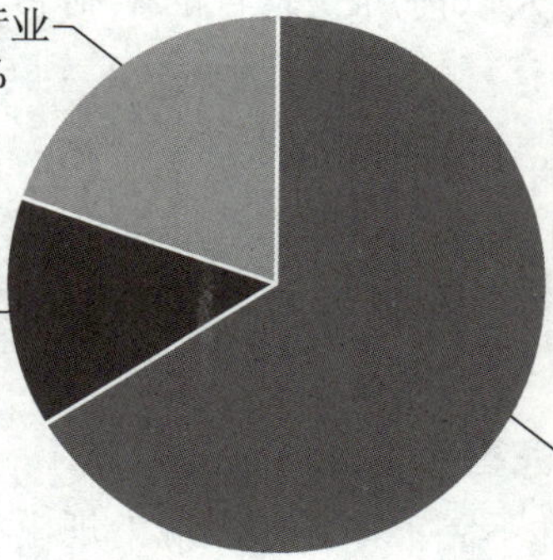

图 4-9　我国老年人再就业的主要行业

由图 4-10 可知，我国老年人再就业领域主要集中在农、林、牧、渔业，占比约为 66%。可见，我国老年人再就业的行业分布主要倾向于第一产业，而第二产业和第三产业的占比相对较小。由于老年人的身体机能逐渐衰退，他们从事高强度的脑力和体力劳动存在安全隐患，这在一定程度上限制了他们再就业的行业选择。

小贴士

在我国，第一产业主要包括农、林、牧、渔业等；第二产业主要包括采矿业，制造业，电力、热气、燃气及水生产和供应业，建筑业等；第三产业主要包括交通运输、仓储和邮政业、批发和零售业、住宿和餐饮业、金融业、房地产业、科学研究和技术服务业等。

四、老年人再就业的困境

老年人再就业的困境主要包括生理和心理困境、教育困境、观念困境、政策困境、法律困境和市场困境。

（一）生理和心理困境

1．生理困境

有些老年人面临着各种生理健康问题，如视力下降、听力减退、肌肉力量减弱等。这些生理上的限制降低了他们再就业的意愿和能力。此外，目前劳动力市场提供给老年人的职位大多是体力劳动的职位，这让一些有再就业意愿但体力下降的老年人无法遂愿。

2．心理困境

由于社会地位、人际关系的变化，老年人在退休后容易产生心理落差，甚至心理问题，这不仅可能影响老年人的身体健康，还可能导致老年人在再就业过程中缺乏自信，产生焦虑和压力，从而影响再就业。

（二）教育困境

教育困境主要包括老年人以前所受教育的限制和再教育的限制，主要体现在以下两方面。

1．部分老年人文化程度、技能水平低

随着社会经济的发展，市场竞争日趋激烈、职业要求日新月异，这对劳动者的文化程度和技能水平提出了越来越高的要求。有些老年人以前所受的教育有限，他们文化程度、技能水平偏低，面临竞争力不足、与市场需求不匹配等问题，从而在再就业时受到重重限制。

2．老年职业教育体系不完善

我国老年职业教育体系并不完善，具体表现为规模小、资源供给不均衡，老年职业技能培训的师资力量严重不足等，从而使老年人缺乏职业技能提升的有效路径，这进一步阻碍了老年人再就业的步伐。

（三）观念困境

老年人再就业的观念困境主要体现在人们对老年人再就业认识不清或持不正确态度上。

传统的就业观、养老观认为，人在到达退休年龄后，理应退出劳动领域，安享晚年。在传统文化的影响下，传统就业观和养老观深入人心，使得积极老龄观的塑造与培育面临挑战，一些老年人选择不再就业。

此外，老年人通常被视为需要特别关注的弱势群体，他们需要社会的特殊保护。这种保护对确保老年人的生活质量至关重要，但过度保护可能造成社会对老年人再就业的隐性排斥。这种排斥不仅体现在就业市场上，也体现在老年人的自我认知中，导致他们对再就业抱有抵触心理。

（四）政策困境

目前，我国针对老年人再就业的政策还未形成完整的体系，专门为老年人提供再就业服务的机构或组织的数量较少，且服务能力有限。同时，由于缺乏统一的顶层设计（从战略管理的高度统筹全局，并做出整体规划），相关的政策和支持措施可能会分散在不同的政府部

门和机构中，导致政策执行力度不一致，缺乏系统性和连贯性。

（五）法律困境

老年人再就业的法律困境主要包括以下两方面。

1．老年人对法律认知不足

由于缺乏足够的法律知识宣传、教育工作，大多数老年人对法律缺乏足够的认知，在再就业过程中不清楚自己的权利和义务，难以运用法律手段保护自己。

2．老年人再就业权益保障的法律体系不完善

我国现有的法律法规中关于老年人再就业的权责界定和保障老年人再就业劳动权益的法律体系不完善，使老年人在再就业过程中遇到劳动争议时，其权益无法得到应有的保障。例如，有些老年人在从事环卫工作时不慎受伤，可能因其与用人单位之间不能建立劳动合同关系，未缴纳工伤保险，无法获得必要补偿，从而陷入维权困境。

知识拓展

老年人再就业需要关注的法律问题

1．老年人想再就业，应当签订什么合同，哪些权益发生了变化？

根据《中华人民共和国劳动合同法》（以下简称《劳动合同法》）第四十四条的规定，劳动者开始依法享受基本养老保险待遇的，劳动合同终止。此外，根据《最高人民法院关于审理劳动争议案件适用法律问题的解释（一）》第三十二条的规定，用人单位与其招用的已经依法享受养老保险待遇或者领取退休金的人员发生用工争议而提起诉讼的，人民法院应当按劳务关系处理。因此，老年人与原用人单位或者新用人单位之间的用工关系应按劳务关系处理，应当签订劳务合同。老年人如果主张加班费、带薪年假、未签劳动合同双倍工资、解除劳动关系经济补偿金、相关保险缴纳等福利待遇，并不能受到劳动法律法规的特殊保护，除非双方之间另有约定。

在劳务关系中，用人单位可以随时终止用工，而不用给予老年人任何的经济补偿。一旦双方发生纠纷，老年人只能选择非劳动法律关系的诉讼途径。因此，如果老年人在退休后应聘到用人单位，应当及时签订书面劳务合同或者雇佣合同，明确雇佣期间的工作报酬、工作内容、工作时间、医疗保险、工伤保险、加班待遇及违约责任等，若发生争议，老年人可以按照《中华人民共和国民法典》（以下简称《民法典》）合同编（而非《劳动合同法》）主张相关权益。此外，因为老年人只能建立劳务关系，在用人单位的工作时间不能作为主张劳动权益的依据，所以退休后也不再有工龄一说。

2．超过法定退休年龄的职工在工作期间发生工伤，应如何处理？

《人力资源社会保障部关于执行〈工伤保险条例〉若干问题的意见（二）》第二条规定：“达到或超过法定退休年龄，但未办理退休手续或者未依法享受城镇职工基本养老保险待遇，继续在原用人单位工作期间受到事故伤害或患职业病的，用人单位依法承担工伤保险责任。用人单位招用已经达到、超过法定退休年龄或已经领取城镇职工基本养老保险待遇的人员，在用工期间因工作原因受到事故伤害或患职业病的，如招用单位已按项目参保等方式为其缴纳工伤保险费的，应适用《工伤保险条例》。”

根据上述规定，如果劳动者在达到法定退休年龄前已与用人单位建立劳动关系，达到法定退休年龄后仍继续在原用人单位工作，且未领取养老保险待遇的，符合工伤认定受理条件。因此，老年人在工作时间、工作场所，因工作原因受伤，可以工伤保险待遇纠纷为由诉至法院，由用人单位支付其医疗费、一次性伤残补助金、停工留薪期工资等；老年人也可以通过提起生命权、身体权、健康权侵权诉讼，依据《民法典》等相关规定主张医疗费、误工费、护理费、残疾赔偿金等各项权利。

此外，超过法定退休年龄的农民工，与用人单位之间形成劳务合同关系，在工作期间发生工伤，虽无法享受工伤保险待遇，但主张工伤保险待遇赔偿的，法院将予以支持。超过法定退休年龄的农民工受到第三人侵权的，第三人侵权赔偿并不影响其向用人单位主张给予工伤保险待遇赔偿。用人单位可以通过购买意外伤害保险或者雇主责任险的方式规避风险。

（摘编自：郑东梅、施振伟、康晶，《退休再就业 这些法律问题要了解》，北京法院网，2023 年 5 月 4 日）

（六）市场困境

1．老年劳动力市场发展落后

目前，我国就业服务体系与劳动力市场主要面向年轻劳动力，老年劳动力市场发展落后，再加上老年人就业服务体系并不完善，导致老年人再就业的渠道有限，从而造成大量优质的老年劳动力资源处于闲置状态。

2．用人单位聘用老年人的意愿低

目前，市场上聘用老年人的用人单位较少。在老年人就业集中的行业中，尽管用人单位对人才的需求大，但大多数用人单位聘用老年人的意愿仍较低。

五、促进老年人再就业的措施

（一）加强老年教育与就业岗位的衔接

目前，老年教育以向老年人普及健康知识为主，较少对老年人再就业进行相关的指导。为加强老年教育与就业岗位的衔接，可以采取以下措施。

老年教育与就业岗位衔接案例

1．强化老年人就业指导与职业培训

（1）在现有教育格局的基础上构建老年职业教育体系，适时制订老年人职业教育办法，完善老年职业大学的制度规范体系。

（2）将做好老年人就业指导和职业技能培训作为老年大学的重要任务之一。做好老年大学的职业教育规划、规范和布局工作，形成以老年大学为骨干、全国老年教育资源共享和公共服务平台为支撑、高校和职业院校为辅助，并充分利用社会资本的老年职业教育培训办学格局。

（3）深入挖掘现有资源，建立健全分级分类的老年职业培训体系。明确国家老年大学、各地区老年大学、社区老年大学承担的职业培训任务，针对不同类型的职业培训需求做出有针对性的培训安排，为有意愿再就业的老年人提供更为便利、系统的职业培训服务。

（4）用好智慧数据教育平台，持续优化线上线下融合的老年职业教育体系。加大对老年职业教育基础设施投入，完善匹配职业教育需要的智慧教育设施（如智慧黑板，见图4-10），鼓励老年人利用互联网平台开展学习，从而更好地帮助老年人跨越“数字鸿沟”，促进信息技术与老年职业教育有机融合。

图4-10　智慧黑板

2．优化教学内容

（1）紧紧抓住适老产业发展的“新蓝海”，针对公共服务、休闲旅游、医疗保健、直播带货、销售服务等老年人就业需求较为旺盛的业态领域设计专门课程，向老年人传授职业发展的必备知识技能，为其再就业做好知识技能储备。

（2）在设计教学内容时，不仅要充分考虑其与就业市场的衔接性，还要考虑其与老年人特点的匹配度。因此，要根据老年人的文化层次、生活状况及心理特点等属性，选择老年人较易接受的教育教学方式，充分利用既有教学资源，不断挖掘新的教学资源，丰富老年职业教育课程内容。

（二）消除老年人再就业歧视

为促进老年人再就业，人们应打破传统观念的限制，树立积极老龄观，正确看待老年人再就业。为消除老年人再就业歧视，可以采取以下措施：

（1）开拓多元化的宣传渠道，加大对老年人再就业的宣传、引导，让全社会充分认识老年人的价值，意识到老年人的威望信誉、工作经验等优势，从而在全社会营造促进老年人再就业的氛围。

（2）引导更多健康且有能力、有意愿的老年人发现自己的价值，凭借自己的经验和智慧，重新融入就业市场中。

（3）引导老年人的家人支持老年人再就业，帮助老年人实现自我价值。

（三）完善老年人再就业权益保障体系

完善老年人再就业权益保障体系是做好老年人再就业工作的兜底工作，是老年人再就业工作的重中之重。为完善老年人再就业权益保障体系，可以采取以下措施：

（1）完善老年人再就业权益的相关规定，保障老年人在再就业过程中受到公平待遇。例如，明确老年人的权益，禁止年龄歧视，确保老年人在工资、福利等方面享有公平待遇。又如，拟定老年人再就业的专用合同，将疾病与工伤问题纳入合同必要条款，要求老年人在入职前与用人单位充分协商，并设计入职体检、意外伤害商业保险等替代解决方案，合理分配风险。

政策引领

超龄就业人员工伤保险

为切实保障已超过法定退休年龄人员的劳动权益，湖南省株洲市醴陵市发布了《醴陵市人民政府办公室 关于继续开展已超过法定退休年龄人员 参加工伤保险试点工作的通知》，对已超过法定退休年龄人员在继续就业期间（以下简称“超龄就业人员”）参加工伤保险的范围及条件、责任主体做出了以下规定。

1．参保范围及参保条件

（1）纳入参保试点范围的超龄就业人员暂限于已达到法定退休年龄、未享受机关事业单位和城镇职工基本养老保险待遇的非特种作业岗位人员。

（2）男性不超过 65 岁，女性不超过 60 岁（以参保时居民身份证信息为准）。

（3）经体检，超龄就业人员无重大疾病和职业病。

2．责任主体

（1）超龄就业人员依据本通知参加工伤保险的，参照《工伤保险条例》《湖南省实施〈工伤保险条例〉办法》等规定享受相关待遇。

（2）符合参保试点条件但未参保的超龄就业人员发生事故伤害或患职业病的，不适用本通知。

（3）超龄就业人员按规定提交资料，用人单位应承担审核责任，对超龄就业人员是否符合参保试点条件进行审核确认。用人单位将不符合参保试点条件人员纳入参保范围，发生事故伤害或患职业病后所产生的一切费用由用人单位和超龄就业人员协商解决，工伤保险基金不予支付。如已支付，由人力资源社会保障部和工伤保险经办机构负责向用人单位追回。

（摘编自：《醴陵市人民政府办公室 关于继续开展已超过法定退休年龄人员 参加工伤保险试点工作的通知》，醴陵市人民政府官网，2023 年 11 月 30 日）

（2）针对老年人再就业权益问题进行专门的教育和宣传，使老年人了解自己在再就业时的合法权益和维权途径。例如，向老年人分发介绍老年人再就业的相关法律法规和权益保护知识的宣传手册（见图 4-11），使老年人了解相关知识。

图 4-11　向老年人分发宣传手册

（3）搭建老年人再就业权益咨询服务平台，为老年人提供完善、专业的再就业权益咨询服务，引导老年人通过合法途径维权。

（4）加强相关部门之间的协作，就老年人再就业权益保障，建立有效的部门管理沟通机制，并明确各个部门之间的权责状况，从而有效处理老年人再就业权益问题，解除老年人再就业的后顾之忧。

（5）加强对用人单位聘用老年人的监察力度，同时提升用人单位管理者对老年人再就业权益的认可，为老年人再就业权益保障提供预防管理，降低侵害老年人权益事件的发生概率。对于违反规定的用人单位，依法进行处罚。

（6）建立老年人再就业权益投诉机制，设立专门的投诉渠道和投诉处理机构，方便老年人在工作中遇到不公平待遇时能够及时维权。对于投诉案件，要及时调查处理，保护老年人的合法权益。

（四）健全老年就业市场

健全老年就业市场是实现人力资源优化配置、缓解劳动力短缺压力的重要举措。为健全老年就业市场，可以采取以下措施。

1．加大老年人再就业支持力度

（1）加大对老年人再就业的财政支持，鼓励用人单位聘用老年人，对聘用老年人的用人单位给予表彰，并提供各种形式的补贴、税收优惠。

（2）设立老年人就业、创业扶持基金，为老年人提供就业、创业指导和资金支持。

2．完善老年人再就业公共服务体系

（1）建立老年人就业指导服务中心等，为有劳动意愿的老年人提供职业技能培训和创新创业指导服务，帮助他们掌握新技能和知识，适应就业市场的变化和需求，提高就业竞争力。

（2）建立老年人才信息库、老年人就业信息平台等，为老年人提供就业信息、咨询服务和职位推荐，以便老年人了解就业市场的动态，获得专业的就业指导，寻找适合自己的岗位。

3．开发适合老年人的工作岗位和工作制度

（1）鼓励用人单位积极开发适合老年人的工作岗位，可以重点开发年轻人较少从事且市场需求较大的家政、护理等服务型岗位，如家政服务员（见图 4-12），让老年人充分发挥自己优势的同时，避免与年轻人竞争岗位。

图 4-12　家政服务员

（2）鼓励用人单位建立适合自身发展和老年人发展的管理模式，实现人尽其才。例如，鼓励用人单位针对老年人的就业特点，推行弹性工作制，为老年人提供更灵活、方便的工作方式。

任务实施

开展“老年人再就业是利大于弊，还是弊大于利”辩论赛

【任务背景】

近年来，招聘会上除了年轻人的身影，也出现越来越多老年人的身影。某招聘平台的数据显示，老年求职者的数量在不断增长。老年人再就业逐渐成为热门话题，引发了人们关于老年人再就业有利还是有弊的争议。

支持者认为，老年人退休后重返职场，不仅不会被社会淘汰，还能发挥个人专长，值得提倡。此外，老年人拥有丰富的工作经验，不需要专门培养。

反对者则认为，老年人重返职场，难免会与年轻人竞争，而如今年轻人就业也比较难，因此，老年人退休了就该享受晚年生活，把机会留给年轻人；有些老年人思维固化，观念落后，知识陈旧，无法适应现代社会发展的需要，不适合继续就业；老年人在工作时容易引发疾病，这对老年人身心健康不利。

【实施要求】

（1）班级就“老年人再就业是利大于弊，还是弊大于利”辩题开展辩论赛。

（2）全班学生推选出 1 名主持人，5 名评委，剩余学生分为两组，每组推选出 4 名学生作为辩手。其中一组为正方，认为老年人再就业利大于弊；另一组为反方，认为老年人再就业弊大于利。

（3）各组成员需做好以下准备工作：

① 收集有关老年人再就业的资料，结合所学知识，整理好论据，以佐证论点。

② 预测对方可能提供的论据，并提前准备好应对策略。

③ 撰写本组的辩论稿，内容包括论点阐述、论据支撑、如何反驳对方观点等。

④ 确定本组辩手的辩位。

（4）评委进行打分和点评。

（5）教师对本次辩论赛进行点评。

学习成果自测

1. 填空题

（1）____________是指老年人以某种方式参与政治生活、经济生活、文化生活、社会生活等，从而影响社会发展的过程和方式。

（2）老年人再就业是指退休后具有____________和____________的老年人重新参与工作并获得经济收入的活动。

（3）老年人再就业的困境包括生理和心理困境、____________、观念困境、政策困境、____________、____________。

2. 选择题

（1）下列选项中，属于老年人社会参与的特点的是（　　）。

A．高意愿低参与　　B．城乡差异小

C．家庭参与度低　　D．网络参与度低

（2）在农业科学研究方面做出重要贡献的李爷爷退休后，为某学校的学生教授农业科学知识。这属于老年人社会参与的（　　）活动。

A．参加志愿服务、兴办社会公益事业

B．传授文化和科技知识

C．对青少年和儿童进行优良传统教育

D．提供咨询服务

（3）（　　）是从教育方面促进老年人社会参与的措施。

A．建设适老化社会参与环境

B．扩大老年教育资源供给

C．优化老年文化体育服务环境

D．倡导全社会积极看待老年人

（4）（　　）是老年人再就业的主要行业。

A．建筑业　　B．制造业

C．农、林、牧、渔业　　D．采矿业

（5）（　　）是做好老年人再就业工作的兜底工作，是老年人再就业工作的重中之重。

A．消除老年人再就业歧视

B．完善老年人再就业权益保障体系

C．加强老年教育与就业岗位的衔接

D．健全老年就业市场

3．简答题

（1）简述老年人社会参与的个人意义。

（2）如何从制度方面促进老年人社会参与？

（3）消除老年人再就业歧视的措施有哪些？

学习成果评价

请进行学习成果评价，并将评价结果填入表 4-1 中。

表 4-1　学习成果评价表

<table>
<tr><td>班级</td><td colspan="2"></td><td>姓名</td><td colspan="2"></td></tr>
<tr><td>学号</td><td colspan="2"></td><td>指导教师</td><td colspan="2"></td></tr>
<tr><td>项目名称</td><td colspan="5">老年人社会参与</td></tr>
<tr><td>评价项目</td><td colspan="2">评价内容</td><td>分值</td><td>自我评分</td><td>教师评分</td></tr>
<tr><td rowspan="5">知识
（40%）</td><td colspan="2">老年人社会参与的特点、意义、主要活动</td><td>8</td><td></td><td></td></tr>
<tr><td colspan="2">促进老年人社会参与的措施</td><td>8</td><td></td><td></td></tr>
<tr><td colspan="2">老年人再就业的特点、意义、主要方式和行业</td><td>8</td><td></td><td></td></tr>
<tr><td colspan="2">老年人再就业的困境</td><td>8</td><td></td><td></td></tr>
<tr><td colspan="2">促进老年人再就业的措施</td><td>8</td><td></td><td></td></tr>
<tr><td rowspan="2">技能
（40%）</td><td colspan="2">能够指导老年人参与社会，提出促进老年人社会参与的建议</td><td>20</td><td></td><td></td></tr>
<tr><td colspan="2">能够指导老年人再就业，提出促进老年人再就业的建议</td><td>20</td><td></td><td></td></tr>
<tr><td rowspan="4">素养
（20%）</td><td colspan="2">具备良好的学习态度</td><td>5</td><td></td><td></td></tr>
<tr><td colspan="2">具备团队精神</td><td>5</td><td></td><td></td></tr>
<tr><td colspan="2">培养爱国之情、砥砺强国之志、实践报国之行，弘扬爱国主义精神</td><td>5</td><td></td><td></td></tr>
<tr><td colspan="2">弘扬互帮互助、共同进步的精神</td><td>5</td><td></td><td></td></tr>
<tr><td colspan="3">合计</td><td>100</td><td></td><td></td></tr>
<tr><td colspan="3">总分（自我评分×40%+教师评分×60%）</td><td colspan="3"></td></tr>
<tr><td>自我评价</td><td colspan="5"></td></tr>
<tr><td>教师评价</td><td colspan="5"></td></tr>
</table>

项目五
老年人社会保障与权益保障

项目引言

老年人是社会中的困难群体。有些老年人可能由于身体机能衰退、生病等，难以维持基本生活；有些老年人可能由于不懂法律知识，在自身权益受到侵害后陷入维权困境。为了保障老年人的基本生活，维护老年人的合法权益，我国逐步推进老年人社会保障体系建设，同时出台了一系列与老年人权益保障相关的法规等。

知识目标

- 熟悉老年人社会保障的特点和功能。
- 掌握老年人社会保障体系。
- 熟悉老年人权益保障的相关法规，掌握老年人的基本权益。
- 熟悉老年人权益保障的影响因素。

素质目标

- 通过学习老年人社会保障的相关知识，树立人文关怀理念，弘扬孝亲敬老传统美德。
- 通过学习老年人权益保障的相关知识，增强法治意识，争做尊法学法守法用法的先行者、实践者。

任务一　了解老年人社会保障

任务导入

用心做好老年人服务保障工作

近年来，为积极发挥单位职能优势，坚持用好、用足上级政策，切实为离退休人员办实事、解难题，不断完善覆盖城乡的社会保障体系，稳步提高社会保障能力，创新经办服务方式，进一步增强老年人获得感、幸福感和安全感，推动实现老有所养目标，海西州人力资源社会保障部门采取了以下措施。

1．加强服务保障工作，维护老年人合法权益

（1）持续扩大社会保险覆盖范围。认真贯彻落实社会保障各项政策，不断加大政策宣传力度，扩大政策参保范围。

（2）稳步提高社会保险待遇水平。完善筹资标准与待遇水平相适应的待遇调整机制，适时提高社会保险待遇水平。

（3）完善城乡居民养老保险政策。报请州政府完善和印发《海西州统一城乡居民基本养老保险制度实施办法》，从缴费档次标准、基金管理、待遇水平、经办流程等方面规范城乡居民养老保险制度体系。

（4）按时足额发放养老金。不断健全和完善经办机构内控管理制度，从组织机构、业务运行、财务会计、系统管理、内控监督管理等方面，规范退休业务经办，严把待遇审核审批关，通过社银平台发放养老金。

2．优化社保服务方式，做群众满意的贴心人

（1）改革领取社会保险待遇人员资格认证方式。进一步简化经办服务流程，推进“不见面”事项办理，引导退休人员通过青海人社通手机 App 开展认证工作，全面推进养老待遇社会化发放工作。

（2）做好政策宣传解释。通过人社门户网、微信公众号、QQ 工作群公布最新社会保险政策，将社保最新政策及时传达给退休人员，安排专人做好退休人员来信来访工作，解答退休人员在享受社会保险待遇过程中遇到的问题。

（3）开展上门服务。积极落实“主题党日”制度，深入开展“社保服务进万家”活动，通过开设老年人业务办理绿色通道，探索全程帮办代办制度，上门服务等措施，帮助老年人办理业务，让老年人感受到社保“温馨服务”。

3．提高为民办事效率，为老年人解难题办实事

（1）解决老年人运用智能技术困难。运用大数据技术、人工智能等信息技术，通过数据共享比对等方式，提高社保待遇资格认证等业务的免办服务比例。在认证工作中坚持传统服务方式与智能化服务方式“两条腿”走路，提供线上刷脸自助认证、线下就近认证或上门服务等多种服务方式。

（2）解决老年人办理社保事项不便的问题。主动做好异地居住退休人员社保卡的网上申领、补换和邮寄服务，逐步将企业和机关事业单位退休人员、城乡居民养老金发放到社会保障卡。对使用社会保障卡领取养老金不便的老年人，保留银行存折领取养老金的方式，确保老年人及时享受社会保险待遇；对临近退休或待遇领取年龄的老年人，主动提醒其享有的待遇申领权益，提前核对是否有多地参保经历，并同步办理社保关系转移、待遇发放、相关待遇终止等业务。

（摘编自：《海西州人社局创新工作方式 用情用心做好老年人社保服务工作》，海西州人力资源和社会保障局官网，2024 年 1 月 9 日）

思考：

（1）老年人社会保障的功能有哪些？

（2）老年人社会保障体系包括哪些内容？

一、老年人社会保障的特点

老年人社会保障是国家通过立法而制定的一系列关于老年人的社会保险、救助、福利等制度的总称，其目的是确保老年人的基本生存与生活需要得到满足，为已经退出劳动领域或无劳动能力的老年人提供社会保护和社会救助。老年人社会保障具有以下特点。

（一）强制性

老年人社会保障的强制性主要体现在以下两方面：

（1）老年人社会保障是由国家立法确定和实施的，且相关法律规定了老年人社会保障的基本原则、覆盖范围、权益内容、缴费义务等，具有极强的约束力，任何组织和个人都必须遵守。

（2）老年人社会保障的执行具有强制性。相关部门负责监督和管理老年人社会保障制度的实施，确保各项规定得到有效执行，确保老年人能够充分享受到社会保障权益。

（二）普遍性

老年人社会保障的对象为所有老年人，任何老年人都享有相应的社会保障，不受个人差异的限制。例如，已经退休 20 年的老年人可享受社会保障，退休 20 天的老年人也可享受社会保障；身体残疾的老年人可享受社会保障，身体健全的老年人也可享受社会保障。

（三）福利性

老年人社会保障不以营利为目的，通过采取一系列福利措施，如提供经济支持、医疗保障等，帮助老年人解决基本生活问题。

（四）无偿性

老年人社会保障为符合条件的老年人提供的现金补贴、福利津贴等，均无须老年人提供任何形式的回报。此外，老年人社会保障为老年人提供一定的无偿性的医疗费用报销或减免，以减轻他们的经济负担。

（五）公平性

老年人享受社会保障的机会均等，老年人都有获得社会保障的机会和权利。这体现了社会公平正义，彰显了国家对老年人的尊重和关爱。

二、老年人社会保障的功能

老年人社会保障的功能主要包括保障基本生活、维护社会稳定、扩大老年消费市场、缩小贫富差距、创造就业机会和经济效益、营造敬老爱老社会氛围等。

（一）保障基本生活

保障老年人的基本生活是老年人社会保障的基本功能。老年人社会保障主要通过提供经济支持（如发放养老金、退休金等）来保障老年人的基本生活，有利于防止老年人因经济困难而陷入生活困境。

此外，对于诸如生活长期不能自理、经济困难的老年人等，老年人社会保障还能够有针对性地提供相关保障，如护理补贴、最低生活保障金等。

（二）维护社会稳定

老年人是社会中的重要群体，通过为他们提供全面的社会保障，可以满足他们的基本生活，从而减少因贫困而引发的社会冲突，维护社会稳定。

（三）扩大老年消费市场

老年人社会保障在扩大老年消费市场方面的功能如下：

（1）老年人社会保障为老年人提供了稳定的收入来源，能够使他们在退休后维持一定的生活水平，减轻经济压力。这种经济上的安全感能够促使老年人更有信心去消费，从而扩大老年消费市场的规模。

（2）老年人社会保障为老年人的基本医疗和生活需求提供了保障，能够减轻他们在医疗和养老方面的支出压力。这使得老年人有更多的余钱用于其他消费活动，如旅游等，从而进一步丰富老年消费市场的多样性。

（四）缩小贫富差距

老年人社会保障通过为老年人提供基本养老金等，可以缩小老年人因收入减少而造成的与其他年龄段人群的贫富差距；为患病老年人提供医疗费用减免、医疗救助等，减少他们在治疗疾病方面的经济支出，可以缩小老年人因患病治疗而造成的与他人的贫富差距；为经济困难的老年人提供经济援助，可以缩小他们与其他老年人的贫富差距。

（五）创造就业机会和经济效益

随着社会保障制度的不断完善，老年人的消费信心和消费水平也在逐步提高，他们更加愿意将手中的资金用于购买优质的产品和服务，这可以促进市场的竞争和创新，带动相关产业的发展，为社会创造更多的就业机会和经济效益。

（六）营造敬老爱老社会氛围

在老年人社会保障相关制度设计和实施的过程中，国家和社会强调对老年人的尊重、关爱和照顾，推动社会组织、企业、个人共同关注老年人，参与老年人社会保障事业。这种价值导向，有助于营造敬老爱老社会氛围。

三、老年人社会保障体系

老年人社会保障体系由老年人社会保险（包括养老保险、老年人医疗保险等）、老年人社会救助和老年人社会福利三个子系统构成，并以老年人社会保险为主。

（一）养老保险

养老保险是指国家和社会根据一定的法律和法规，为解决劳动者在达到国家规定的退休年龄，或因年老丧失劳动能力而退出劳动岗位后的基本生活问题而建立的一种社会保险制度。养老保险是老年人社会保障的重要组成部分，是老年人社会保险中最重要的险种之一。我国正在构建以基本养老保险为基础、以企业年金和职业年金为补充，与个人储蓄性养老保险和商业养老保险相衔接的“三支柱”养老保险体系。

1．基本养老保险

基本养老保险是“三支柱”养老保险体系中的第一支柱。《老年人权益保障法》第二十八条规定：“国家通过基本养老保险制度，保障老年人的基本生活。”我国已基本建立了包括城镇职工基本养老保险与城乡居民基本养老保险在内的基本养老保险制度。

（1）城镇职工基本养老保险

城镇职工基本养老保险属于强制性保险，用人单位和职工都必须缴纳保险费。城镇职工基本养老保险的参保范围为各类企业、机关事业单位及其职工，城镇个体工商户及其雇工，灵活就业人员等。《中华人民共和国社会保险法》第十一条规定：“基本养老保险实行社会统筹与个人账户相结合。基本养老保险基金由用人单位和个人缴费以及政府补贴等组成。”2022 年 1 月起，我国实施养老保险全国统筹，各地区陆续发布文件，确立城镇职工基本养老保险的个人缴费比例为 8%，单位缴费比例为 16%。

参加城镇职工基本养老保险的个人，达到法定退休年龄时累计缴费满 15 年的，按月领取城镇职工基本养老保险待遇；达到法定退休年龄时累计缴费不足 15 年的，可以缴费至满 15 年后按月领取城镇职工基本养老保险待遇，也可以转入城乡居民基本养老保险，按照国务院规定享受相应的养老保险待遇。

（2）城乡居民基本养老保险

城乡居民基本养老保险的参保对象为 16 岁及以上（不含在校学生），非国家机关和事业单位工作人员及不属于城镇职工基本养老保险制度覆盖范围的城乡居民。城乡居民基本养老保险基金由个人缴费、集体补助、政府补贴构成。不同的地区，个人缴费的标准不同。例如，自 2023 年 8 月 1 日起，云南省城乡居民基本养老保险个人缴费的档次有 200 元、300 元、400 元、500 元、600 元、700 元、800 元、900 元、1 000 元、1 500 元、2 000 元、3 000 元、4 000 元、5 000 元、6 000 元、7 000 元、8 000 元、9 000 元等 18 个。

参加城乡居民基本养老保险的个人，年满 60 岁、累计缴费满 15 年，且未领取国家规定的基本养老保险待遇的，可以按月领取城乡居民基本养老保险待遇。

政策引领

城乡养老保险制度衔接

做好城乡养老保险制度衔接工作，有利于促进劳动力的合理流动，保障广大城乡参保人员的权益，对于健全和完善城乡统筹的社会保障体系具有重要意义。为了解决城乡养老保险制度衔接问题，维护参保人员的养老保险权益，人力资源社会保障部、财政部联合印发了《城乡养老保险制度衔接暂行办法》。

该文件规定，参加城镇职工基本养老保险和城乡居民基本养老保险人员，达到城镇职工基本养老保险法定退休年龄后，城镇职工基本养老保险缴费年限满 15 年（含延长缴费至 15 年）的，可以申请从城乡居民基本养老保险转入城镇职工基本养老保险，按照城镇职工基本养老保险办法计发相应待遇；城镇职工基本养老保险缴费年限不足 15 年的，可以申请从城镇职工基本养老保险转入城乡居民基本养老保险，待达到城乡居民基本养老保险规定的领取条件时，按照城乡居民基本养老保险办法计发相应待遇。

（摘编自：《人力资源社会保障部 财政部关于印发〈城乡养老保险制度衔接暂行办法〉的通知》，人力资源社会保障部官网，2014 年 2 月 24 日）

2．企业年金和职业年金

企业年金和职业年金是由国家宏观调控、用人单位内部决策执行的补充养老保险，是“三支柱”养老保险体系中的第二支柱。

（1）企业年金

企业年金是指企业及其职工在依法参加基本养老保险的基础上，自主建立的补充养老保险制度。企业年金基金由企业缴费、职工个人缴费和企业年金基金投资运营收益组成，实行完全积累。企业为每个参加企业年金的职工建立个人账户。企业缴费每年不超过本企业职工工资总额的 8%，企业和职工个人缴费合计不超过本企业职工工资总额的 12%，具体所需费用由企业和职工协商确定。

职工在达到国家规定的退休年龄或者完全丧失劳动能力时，可以从本人企业年金个人账户中按月、分次或者一次性领取企业年金，也可以将本人企业年金个人账户资金全部或者部分购买商业养老保险产品，依据保险合同领取待遇并享受相应的继承权。本人选择任一领取方式后，不再更改。出国（境）定居人员的企业年金个人账户资金，可以根据本人要求一次性支付给本人。职工或者退休人员死亡后，其企业年金个人账户余额可以继承。

（2）职业年金

职业年金是指机关事业单位及其工作人员在参加机关事业单位基本养老保险的基础上，建立的补充养老保险制度。职业年金基金由单位缴费、个人缴费、职业年金基金投资运营收益、国家规定的其他收入组成，采用个人账户方式管理。单位缴费额为本单位工资总额的 8%，个人缴费额为本人缴费工资的 4%。

《机关事业单位职业年金办法》规定，工作人员在达到国家规定的退休条件并依法办理退休手续后，由本人选择按月领取职业年金待遇的方式。可一次性用于购买商业养老保险产品，依据保险契约领取待遇并享受相应的继承权；可选择按照本人退休时对应的计发月数计发职业年金月待遇标准，发完为止，同时职业年金个人账户余额享有继承权。本人选择任一领取方式后，不再更改。出国（境）定居人员的职业年金个人账户资金，可根据本人要求一次性支付给本人。工作人员在职期间死亡的，其职业年金个人账户余额可以继承。

3．个人储蓄性养老保险和商业养老保险

个人储蓄性养老保险和商业养老保险是“三支柱”养老保险体系中的第三支柱。个人储蓄性养老保险是指由个人自愿参加、自愿选择经办机构的一种补充养老保险。商业养老保险是指由商业保险机构提供的，以养老风险保障、养老资金管理等为主要内容的保险产品和服务。商业养老保险是市场化的养老方式，个人购买商业养老保险产品和服务，可以实现养老资金的稳健增值和终身领取，有效化解投资风险和长寿风险。

课堂互动

城乡居民基本养老保险和个人储蓄性养老保险、商业养老保险有哪些不同？

政策引领

关于推动个人养老金发展的意见

为推进多层次、多支柱养老保险体系建设，促进养老保险制度可持续发展，满足人民群众日益增长的多样化养老保险需要，《国务院办公厅关于推动个人养老金发展的意见》发布。该文件对个人养老金的参保范围、制度模式、个人养老金领取等做出了相应规定。

1. 参保范围

在中国境内参加城镇职工基本养老保险或者城乡居民基本养老保险的劳动者，可以参加个人养老金制度。

2. 制度模式

个人养老金实行个人账户制度，缴费完全由参加人个人承担，实行完全积累。参加人通过个人养老金信息管理服务平台（以下简称“信息平台”），建立个人养老金账户。个人养老金账户是参加个人养老金制度、享受税收优惠政策的基础。

参加人可以用缴纳的个人养老金在符合规定的金融机构或者其依法合规委托的销售渠道（以下统称金融产品销售机构）购买金融产品，并承担相应的风险。参加人应当指定或者开立一个本人唯一的个人养老金资金账户，用于个人养老金缴费、归集收益、支付和缴纳个人所得税。个人养老金资金账户可以由参加人在符合规定的商业银行指定或者开立，也可以通过其他符合规定的金融产品销售机构指定。个人养老金资金账户实行封闭运行，其权益归参加人所有，除另有规定外不得提前支取。

参加人变更个人养老金资金账户开户银行时，应当经信息平台核验后，将原个人养老金资金账户内的资金转移至新的个人养老金资金账户并注销原资金账户。

3. 个人养老金领取

参加人达到领取基本养老金年龄、完全丧失劳动能力、出国（境）定居，或者具有其他符合国家规定的情形，经信息平台核验领取条件后，可以按月、分次或者一次性领取个人养老金，领取方式一经确定不得更改。领取时，应将个人养老金由个人养老金资金账户转入本人社会保障卡银行账户。

参加人死亡后，其个人养老金资金账户中的资产可以继承。

（摘编自：《国务院办公厅关于推动个人养老金发展的意见》，
中国政府网，2022 年 4 月 21 日）

（二）老年人医疗保险

医疗保险是指为补偿被保险人因意外伤害或疾病而产生的医疗费用的人身保险。老年人参加医疗保险可以减轻由治疗疾病导致的经济负担，提高医疗服务的质量。我国已建立了包括基本医疗保险、补充医疗保险、商业健康保险在内的多层次、宽领域、全民覆盖的医疗保障体系。

1. 基本医疗保险

基本医疗保险是指按照国家规定缴纳一定比例的医疗保险费后，参保人受到意外伤害或患病时，由医疗保险基金支付其一定医疗费用的社会保险。我国基本医疗保险包括城镇职工基本医疗保险、城乡居民基本医疗保险。

（1）城镇职工基本医疗保险

城镇职工基本医疗保险属于强制性保险，用人单位和职工都必须缴纳基本医疗保险费。《中华人民共和国社会保险法》第二十三条第一款规定：“职工应当参加职工基本医疗保险，由用人单位和职工按照国家规定共同缴纳基本医疗保险费。”《国务院关于建立城镇职工基本医疗保险制度的决定》中提出：“城镇所有用人单位，包括企业（国有企业、集体企业、外商投资企业、私营企业等）、机关、事业单位、社会团体、民办非企业单位及其职工，都要参加基本医疗保险。”

无雇工的个体工商户、未在用人单位参加城镇职工基本医疗保险的非全日制从业人员，以及其他灵活就业人员可以参加城镇职工基本医疗保险，由个人按照国家规定缴纳基本医疗保险费。

参加城镇职工基本医疗保险的个人，达到法定退休年龄时累计缴费达到国家规定年限的，退休后不再缴纳基本医疗保险费，按照国家规定享受基本医疗保险待遇；未达到国家规定年限的，可以缴费至国家规定年限。符合基本医疗保险药品目录、诊疗项目、医疗服务设施标准，以及急诊、抢救的医疗费用，按照国家规定从基本医疗保险基金中支付。

小贴士

下列医疗费用不纳入基本医疗保险基金支付范围：① 应当从工伤保险基金中支付的；② 应当由第三人负担的；③ 应当由公共卫生负担的；④ 在境外就医的。

（2）城乡居民基本医疗保险

城乡居民基本医疗保险包括城镇居民基本医疗保险和新型农村合作医疗。城乡居民基本医疗保险的覆盖范围为除城镇职工基本医疗保险应参保人员以外的其他所有城乡居民。城乡居民基本医疗保险实行以个人缴费与政府补助相结合为主的筹资方式，鼓励集体、单位或其他社会经济组织给予扶持或资助。城乡居民基本医疗保险基金主要用于支付参保人员发生的住院（见图 5-1）和门诊医药费用。

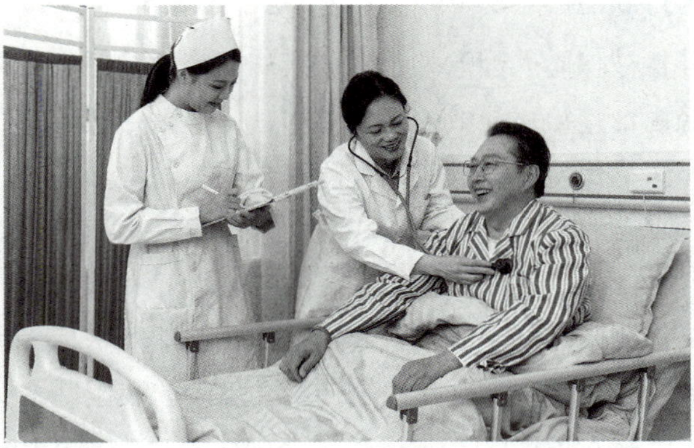

图 5-1　住院

2．补充医疗保险

补充医疗保险是指在参加基本医疗保险的基础上，用人单位或个人根据自身经济实力和需求，自愿增加医疗保险项目以提高保障水平的一种补充性医疗保险，如企业补充医疗保险、大病补充医疗保险等。补充医疗保险是基本医疗保险的重要补充，弥补了基本医疗保险的不足；减轻了个人医疗负担，解决了少数参保人自付费用过多的问题，满足了更大范围不同人群的医疗保险需要。

3．商业健康保险

商业健康保险是指由商业保险机构对参保人由健康状况和医疗行为导致的损失给付保险金的保险，主要包括医疗保险、疾病保险、失能收入损失保险、护理保险，以及相关的医疗意外保险、医疗责任保险等。商业健康保险可以与基本医疗保险衔接互补，满足人民群众多样化的健康保障需求。

（三）老年人社会救助

国家按照法律规定，对经济困难的老年人给予基本生活、医疗、居住或者其他救助。老年人社会救助主要包括最低生活保障、特困人员供养、医疗救助、住房救助等。

1．最低生活保障

最低生活保障是指国家对共同生活的家庭成员人均收入低于当地最低生活保障标准，且符合当地最低生活保障家庭财产状况规定的家庭，给予最低生活保障，包括城市居民最低生活保障和农村居民最低生活保障。例如，当地最低生活保障标准为每月 1 000 元，李某一家有 4 口人，家中只有李某每个月有 3 000 元的收入，那么李某的家庭人均收入是 750 元，比最低生活保障标准低 250 元，只要他们家庭财产状况符合规定，就可以申请并获得最低生活保障。

2．特困人员供养

国家对无劳动能力、无生活来源且无法定赡养、抚养、扶养义务人，或者其法定赡养、抚养、扶养义务人无赡养、抚养、扶养能力的老年人、残疾人，以及未满 16 岁的未成年人给予特困人员供养。特困人员供养的供养方式包括在家分散供养和在当地供养服务机构集中供养。对于具有生活自理能力的老年人，鼓励其在家分散供养；对于完全或者部分丧失生活自理能力的老年人，优先为其提供集中供养服务。

特困人员供养主要包括以下内容：

（1）提供基本生活条件，包括供给粮油、副食品、生活用燃料（见图 5-2）、被褥等日常生活用品和发放现金补贴。

图 5-2　生活用燃料

（2）对生活不能自理的给予照料，包括日常生活照料、住院期间的必要照料等。

（3）提供疾病治疗，全额资助参加城乡居民基本医疗保险的个人缴费部分，医疗费用按照基本医疗保险、大病保险和医疗救助等医疗保障制度规定后仍有不足的，由救助供养经费予以支持。

（4）办理丧葬事宜。

3．医疗救助

国家建立健全医疗救助制度，保障医疗救助对象获得基本医疗卫生服务。符合下列条件的老年人可以申请医疗救助：① 享受最低生活保障的老年人；② 获得特困人员供养的老年人；③ 县级以上人民政府规定的其他特殊困难人员。

医疗救助主要采取以下方式：① 对救助对象参加新型农村合作医疗和城镇居民基本医疗保险的个人缴费部分，给予补贴；② 对救助对象经基本医疗保险、大病保险和其他补充医疗保险支付后，个人及其家庭难以承担的符合规定的基本医疗自负费用，给予补助。

4．住房救助

国家对符合规定标准的住房困难的享受最低生活保障的家庭、分散供养的特困人员，给予住房救助。住房救助主要采取以下方式：① 配租公共租赁住房；② 发放住房租赁补贴；③ 农村危房（见图 5-3）改造。

长期护理保障工作

图 5-3　农村危房

同步案例

配租公共租赁住房，托起老年人安居梦

近年来，天津市采用实物配租保障和住房租赁补贴并举的方式强化公共租赁住房保障，尽最大努力保障困难群众的住房需求。

年过八旬的罗奶奶在天津市待了60多年。在此期间，她住过棚户区、集体宿舍，还借住过亲戚家的小瓦房，可不管住在哪里，一家人的人均住房面积都未超过7平方米。直至罗奶奶搬进公共租赁住房，这个情况才得到改善。罗奶奶的新家虽然建筑面积只有50多平方米，但两间卧室被墙隔开，厨房和洗手间各有5平方米，还有一间2平方米的储物间。罗奶奶说："这个房子设计很合理，我们住着也很踏实。"

（摘编自：龚相娟、李家鼎，《记者走进天津最大保障房片区双青新家园——保障房托起安居梦》，《人民日报》，2024年2月21日）

（四）老年人社会福利

老年人社会福利是指根据老年人特殊需要和自身特点，为老年人提供养护、医疗、康复、娱乐等方面的物质和服务的社会制度。我国老年人社会福利主要包括以下内容。

1．发放老年人福利津贴

老年人福利津贴是指为符合规定的老年人提供维持基本生活、养老和护理费用的各种实物或现金援助，主要包括高龄津贴、护理补贴、养老服务补贴。

（1）高龄津贴是指为了维持高龄老年人基本生活，保障其生活质量而定期给予的现金支持。

（2）护理补贴是指为了保障生活长期不能自理、经济困难的老年人能获得护理服务等而定期给予的现金支持。

（3）养老服务补贴是指为了让经济困难的老年人能够享受居家养老服务、社区养老服务和机构养老服务等而定期给予的现金支持。

2．扶助计划生育特殊家庭老年人

计划生育特殊家庭老年人是指在独生子女发生伤残（三级以上）或死亡后，未再生育或收养子女的家庭中的老年人。这类老年人在生活保障、养老照料、大病医疗等方面存在一些困难。

《关于提高计划生育家庭特别扶助制度扶助标准的通知》指出，自2022年7月1日起，提高计划生育家庭特别扶助制度扶助标准，具体内容如下：

（1）独生子女死亡家庭特别扶助金标准由每人每月450元提高至每人每月590元；独生子女伤残家庭特别扶助金标准由每人每月350元提高至每人每月460元。

（2）一级计划生育手术并发症人员特别扶助金标准由每人每月 400 元提高至每人每月 520 元；二级计划生育手术并发症人员特别扶助金标准由每人每月 300 元提高至每人每月 390 元；三级计划生育手术并发症人员特别扶助金标准由每人每月 200 元提高至每人每月 260 元。

小贴士

根据《计划生育手术并发症鉴定管理办法（试行）》，一级计划生育手术并发症是指造成受术者死亡、重度残疾或完全丧失生活自理能力的并发症；二级计划生育手术并发症是指造成受术者组织器官损伤导致严重功能障碍，或基本生活不能完全自理的并发症；三级计划生育手术并发症是指造成受术者组织器官损伤导致一般功能障碍，或轻度影响生活自理能力的并发症。

（3）调整标准所需资金由中央财政和地方财政共同承担并按规定纳入年度财政预算，中央财政按照事权与支出责任划分改革方案分档安排补助资金。各地要切实落实经费保障责任，加强资金管理，确保及时、足额按照调整后的标准发放特别扶助金。

（五）其他老年人社会保障

1．社会提供帮助

国家鼓励慈善组织及其他组织和个人为老年人提供物质帮助。慈善组织可以通过募捐、义卖等方式筹集资金，为老年人购买生活必需品、医疗用品等；可以向生活困难的老年人发放困难补助金等。

同步案例

关爱老人 从点滴做起——记新疆慈善总会“老有所依”项目

为给老年人送爱心，2015 年，新疆慈善总会联合新疆维吾尔自治区民政厅、中国移动通信集团新疆有限公司共同发起了“老有所依”项目，并首次在新疆维吾尔自治区全区范围内发放温暖包，向老年人赠送棉衣、毛毯（见图 5-4）、围巾、手套、棉袜等慰问物资。2015—2019 年，该项目共为孤寡老人、残疾老年人等老年人发放温暖包 4 300 个。

图 5-4　毛毯

在“老有所依”项目实施过程中，新疆慈善总会以“慈善为民，以民为本”为根本宗旨，用实际行动解决老年人生活中的实际困难，使慈善成为联系群众的纽带，成为政府救助工作的助手，对新疆维吾尔自治区的社会福利事业起到了拾遗补阙的作用。

新疆慈善总会负责人称，新疆慈善总会准备把“老有所依”项目打造成一项长期执行的品牌项目，将通过媒体宣传、社会动员、组织志愿者等有力举措，开展形式多样的劝募活动，从而吸引更多社会力量参与到此项目中来。

（摘编自：《关爱老人 从点滴做起——记新疆慈善总会“老有所依”项目》，《慈善公益报》，2020 年 12 月 15 日）

2．签订老年人遗赠扶养协议

遗赠扶养协议是指遗赠人与扶养人签订的由扶养人承担遗赠人的生养死葬的义务，扶养人在遗赠人死亡后取得约定遗产的协议。老年人可以与集体经济组织、基层群众性自治组织、养老机构等组织或者个人签订遗赠扶养协议。负有扶养义务的组织或者个人按照遗赠扶养协议，承担该老年人生养死葬的义务，享有受遗赠的权利。签订遗赠扶养协议的作用在于使没有法定赡养义务人或虽有法定赡养义务人但其无法实际履行赡养义务的老年人，以及无独立生活能力的老年人得到基本照顾，生活质量得到基本保障。

任务实施

了解身边老年人享受哪些社会保障

【任务背景】

程爷爷说：“我之前缴纳了城镇职工基本养老保险费，但缴费年限未满 15 年，且之后并未缴纳城乡居民基本养老保险费，我一直担心领取不了养老金。后来，我听说可以通过办理补缴手续补缴基本养老保险费，我就补缴了。我现在每个月都能顺利领取养老金。”

为确保越来越多的老年人能享受到社会保障，获得精准帮扶，我国正在不断完善老年人社会保障体系，切实提高老年人的生活质量。

【实施要求】

（1）3～5 人一组，从中选出一名小组长，小组长负责本次活动的具体分工。

（2）小组成员搜集身边老年人（至少 3 名）享受社会保障的相关资料，并汇总整理成 Word 文档或 PPT。相关资料应包括以下内容：

① 这些老年人享受的社会保障分别属于老年人社会保障体系中的哪一类？

② 这些老年人享受的社会保障的具体情况，如享受年限、要求等。

③ 这些老年人对老年人社会保障的满意程度。

（3）小组长进行课堂分享，教师进行点评。

任务二 了解老年人权益保障

任务导入

老年人权益保障持续向好

高度重视老年人权益保障，彰显了中国特色社会主义制度的优越性，是我国奉行以人民为中心的人权理念的应有之义和现实表达。

在法律层面，我国通过《老年人权益保障法》等对老年人的各项权益保障进行了系统规定。

在政策层面，我国陆续出台相关政策，不断加强养老服务体系建设，不断提高养老服务质量，扩大养老服务覆盖面，增加养老服务设施，提升养老服务人员专业水平，丰富养老模式，从而为老年人提供更加便捷、安全、舒适的养老服务。

思考：

（1）老年人权益保障相关的法规有哪些？

（2）老年人的基本权益有哪些？

一、老年人权益保障的相关法规

目前，我国已形成以《中华人民共和国宪法》（以下简称《宪法》）为统领，以《老年人权益保障法》为综合性法律，以中国特色社会主义法律体系各法律部门中的相关法律为基干，以相关的国务院行政法规、地方性法规、规章等为重要组成部分的多层次的老年人权益保障法律制度体系。

（一）国家层面法律

我国有关老年人权益保障的国家层面法律主要包括《宪法》《老年人权益保障法》和《民法典》。

1．《宪法》

《宪法》明确了公民的基本权利和义务，确立了尊重和保障人权的基本原则，这为保障老年人权益提供了法律基础。《宪法》第四十五条第一款规定："中华人民共和国公民在年老、疾病或者丧失劳动能力的情况下，有从国家和社会获得物质帮助的权利。国家发展为公民享受这些权利所需要的社会保险、社会救济和医疗卫生事业。"

此外，《宪法》作为国家的根本大法，为老年人权益保障相关法规的制定和实施提供了指导。

2. 《老年人权益保障法》

《老年人权益保障法》是我国根据《宪法》制定的专门针对老年人权益保障的一部重要法律。除总则与附则外，该法还分为家庭赡养与扶养、社会保障、社会服务、社会优待、宜居环境、参与社会发展、法律责任七个部分，对老年人的权益、保障老年人权益的义务主体进行了具体规定。

解析《老年人权益保障法》

针对老年人合法权益受到侵害，需要法律帮助的问题，《老年人权益保障法》第五十六条规定："老年人因其合法权益受侵害提起诉讼交纳诉讼费确有困难的，可以缓交、减交或者免交；需要获得律师帮助，但无力支付律师费用的，可以获得法律援助。鼓励律师事务所、公证处、基层法律服务所和其他法律服务机构为经济困难的老年人提供免费或者优惠服务。"

同步案例

"四举措"保障老年人合法权益

近年来，内蒙古自治区通辽市司法局始终将老年人作为法律援助的重要服务对象，着力把握老年人对法律援助工作的新需求、新特点，主动谋划新举措，回应老年人新期盼，努力让老年人在法律援助服务中增强对法治建设的获得感、安全感。该司法局主要采取了以下四个举措保障老年人合法权益：

（1）突出站点建设，延伸服务触角。2023 年初，通辽市法律援助中心驻翠堤东郡社区老年人法律援助站（以下简称"援助站"）挂牌成立，拉开了以法律援助中心为辐射点，向各街道、社区（村居），各行业部门全方位扩展法律援助服务的序幕。援助站配备了专门的联络员，方便老年人就近申请法律援助。这真正实现了点、线、面全方位普惠。援助站的工作人员在为老年人提供法律咨询的同时，积极鼓励老年人在自身合法权益受侵害时申请法律援助。

（2）提供"四优"服务，开辟绿色通道。"四优"服务即对符合法律援助条件的老年人实行优先接待、优先受理、优先审核、优先指派。为老年人指派的律师一般为熟悉老年人权益保护，有良好职业道德的律师。此外，该司法局还简化了老年人申请法律援助的手续，对符合法律援助条件的老年人实行当日受理、当日审批、当日指派，尽可能让老年人在申请当日就能接洽到律师；对行动不便的老年人申请法律援助开通绿色通道，法律援助机构工作人员积极主动提供上门受理、上门调解服务，为老年人提供便利。

（3）加强非诉调解，提升服务实效。以"扩大覆盖，应援尽援"为目标，进一步降低对老年人的受援门槛，将持低保证户、特困户、无固定生活来源的老年人申请法律援助列入重点关注受援范围。在办理老年人侵权类、赡养类案件时，坚持调解优先的原则，引导当事人尽量通过调解等非诉讼方式解决问题，促进家庭团结和睦。

（4）常态化宣传，营造敬老爱老良好氛围。积极开展老年人维权宣传活动，重点宣传与老年人密切相关的各种法律法规。深入老年人活动较多的地方组织法律宣传活动，发放宣传资料，并进行现场答疑，满足老年人最关心、最迫切的法律需求，引导老年人学法、懂法、用法。以“送法下乡”“送法进社区”活动为载体，组织法律援助服务志愿者深入到基层，结合反电信诈骗、养老诈骗热点，推出一系列老年人权益保障法律公益宣传讲座。

（摘编自：《内蒙古通辽：“四举措”保障老年人合法权益》，司法部官网，2023 年 12 月 8 日）

3. 《民法典》

《民法典》通过明确子女的赡养义务和老年人的继承权、居住权、财产权等，为老年人建立了一个权益保障框架，确保老年人的基本权益在法律层面得到尊重和保障。

（二）国务院规范性文件

国务院高度重视老年人群体的权益保障工作，并为此印发了一系列规范性文件，旨在从多个方面、多个角度全面保障老年人的各项权益，确保他们能够享受到应有的待遇。国务院针对老年人权益保障的规范性文件较多，以下简要介绍几个。

1. 《国务院办公厅关于制定和实施老年人照顾服务项目的意见》

《国务院办公厅关于制定和实施老年人照顾服务项目的意见》从我国国情出发，立足老年人权益保障和服务需求，从老年人社会保障、养老服务等方面出发，明确了 20 项老年人照顾服务的重点任务。根据该文件提出的重点任务的第七项，贫困老年人因合法权益受到侵害提起诉讼的，依法依规给予其法律援助和司法救助。鼓励律师事务所、公证处、司法鉴定机构、基层法律服务所等法律服务机构为经济困难老年人提供免费或优惠服务。

2. 《国务院办公厅关于推进养老服务发展的意见》

《国务院办公厅关于推进养老服务发展的意见》针对老年人消费权益保护问题，提出：加大联合执法力度，组织开展对老年人产品和服务消费领域侵权行为的专项整治行动；严厉查处向老年人欺诈销售各类产品和服务的违法行为；等等。此外，该文件还提出有关完善老年人关爱服务体系、大力发展老年教育等方面的意见，以促进老年人社会参与，保障老年人参与社会发展的权益。

3. 《中共中央 国务院关于加强新时代老龄工作的意见》

《中共中央 国务院关于加强新时代老龄工作的意见》针对加强老年人权益保障，提出了以下意见：① 各地在制定涉及老年人利益的具体措施时，应当征求老年人的意见。② 建立完善涉老婚姻家庭、侵权等矛盾纠纷的预警、排查、调解机制。③ 加强老年人权益保障普法宣传，提高老年人运用法律手段保护权益意识，提升老年人识骗防骗能力，依法严厉打击电信网络诈骗等违法犯罪行为。④ 完善老年人监护制度。⑤ 倡导律师事务所、公证机构、基层法律服务机构为老年人减免法律服务费用，为行动不便的老年人提供上门服务。

⑥ 建立适老型诉讼服务机制，为老年人便利参与诉讼活动提供保障。

（三）部门规章

人力资源社会保障部、民政部、司法部、财政部等多部门，根据具体情况制定了相关老年人权益保障的部门规章。例如，民政部制定的《养老机构管理办法》明确规定，养老机构及其工作人员应当依法保障收住老年人的人身权、财产权等合法权益。

（四）地方性法规

各地根据《老年人权益保障法》和有关法律、行政法规，结合地方实际情况，制定了相关的老年人权益保障条例，切实保障老年人权益。例如，《河南省老年人权益保障条例》在家庭赡养与扶养方面规定："对入住养老机构的老年人，家庭成员应当经常探望；对未经常探望老年人的家庭成员，养老机构可以向该家庭成员或者其所在单位、住所地的村（居）民委员会提出建议，督促其前往探望。用人单位应当按照国家有关规定保障赡养人探亲休假的权利。"

二、老年人的基本权益

（一）受赡养权

《老年人权益保障法》第十四条规定："赡养人应当履行对老年人经济上供养、生活上照料和精神上慰藉的义务，照顾老年人的特殊需要。赡养人是指老年人的子女以及其他依法负有赡养义务的人。赡养人的配偶应当协助赡养人履行赡养义务。"可见，老年人享有受赡养权。

《老年人权益保障法》第十九条规定："赡养人不得以放弃继承权或者其他理由，拒绝履行赡养义务。赡养人不履行赡养义务，老年人有要求赡养人付给赡养费等权利。赡养人不得要求老年人承担力不能及的劳动。"《老年人权益保障法》第二十一条第二款规定："赡养人的赡养义务不因老年人的婚姻关系变化而消除。"可见，赡养人不得以放弃继承权、老年人婚姻关系变化及其他理由拒绝履行赡养义务，也不能要求老年人承担其力不能及的劳动。

课堂互动

白爷爷与曹奶奶共生育一儿一女。后来，白爷爷与曹奶奶离婚，儿子随白爷爷生活，女儿随曹奶奶生活。现在，曹奶奶生活不能自理，但无人照顾。曹奶奶遂要求子女履行赡养义务，但两人均拒绝赡养曹奶奶，理由分别如下：

（1）儿子认为曹奶奶在年轻时未对自己尽抚养义务，因此自己对曹奶奶没有赡养义务。

（2）女儿称自己已经出嫁，对曹奶奶没有赡养义务。

讨论：上述案例中，曹奶奶的哪些子女对曹奶奶有赡养义务？为什么？

孝亲敬老

为七位老年人撑起一片天

多年来，孙某和丈夫一起赡养百岁高龄的奶奶、年过九旬的姥姥、盲人舅舅和双方父母共七位老年人。

几年前，孙某的奶奶患上肺炎，孙某便将其接到自己家中照料。

孙某还经常带很多东西去姥姥家探望姥姥和舅舅，并为他们修马桶、做饭、洗衣服等。姥姥去世后，孙某便将舅舅接到自己家中，以方便照顾。

孙某的公婆身体不好，且常年租房居住。孙某便给他们买了一套小房子，让他们能安享晚年。孙某只要有时间，就会去探望公婆，平时也经常给他们打电话、与他们进行视频通话，了解他们的身体状况和生活状态。公公去世后，孙某经常会给婆婆买生活用品等。

孙某的母亲因常年劳累，腰椎严重变形，只能卧床休息。孙某的父亲被确诊患膀胱癌。孙某就和妹妹一起承担起了照顾父母的责任。

在孙某心里，家人比什么都重要，她说："再苦再累，我都不会放弃我的家人。"

（摘编自：王薇，《为七位老人撑起一片天》，人民网，2024年1月2日）

（二）婚姻自由权

《宪法》第四十九条规定，禁止破坏婚姻自由。《民法典》第一千零六十九条规定，子女应当尊重父母的婚姻权利，不得干涉父母离婚、再婚以及婚后的生活。《老年人权益保障法》第二十一条第一款规定："老年人的婚姻自由受法律保护。子女或者其他亲属不得干涉老年人离婚、再婚及婚后的生活。"这些规定从法律层面上确保了老年人的婚姻自由权，老年人可以按照自己的意愿处理婚姻问题。

（三）财产所有权

老年人的财产所有权受到法律保护。《老年人权益保障法》第二十二条第一款规定："老年人对个人的财产，依法享有占有、使用、收益和处分的权利，子女或者其他亲属不得干涉，不得以窃取、骗取、强行索取等方式侵犯老年人的财产权益。"

（四）遗产继承权

《老年人权益保障法》第二十二条第二款规定："老年人有依法继承父母、配偶、子女或者其他亲属遗产的权利，有接受赠与的权利。子女或者其他亲属不得侵占、抢夺、转移、隐匿或者损毁应当由老年人继承或者接受赠与的财产。"

（五）居住权

《老年人权益保障法》第十六条规定：“赡养人应当妥善安排老年人的住房，不得强迫老年人居住或者迁居条件低劣的房屋。老年人自有的或者承租的住房，子女或者其他亲属不得侵占，不得擅自改变产权关系或者租赁关系。老年人自有的住房，赡养人有维修的义务。”

（六）人身权

人身权是指民事主体享有的含有人格或身份内容的、与特定主体不可分离的、无直接财产内容的权利，主要包括人格权与身份权。《宪法》第四十九条规定，禁止虐待老人、妇女和儿童。《老年人权益保障法》第三条第三款规定：“禁止歧视、侮辱、虐待或者遗弃老年人。”《老年人权益保障法》第二十五条规定：“禁止对老年人实施家庭暴力。”

小贴士

人格权是指民事主体具有法律上的独立人格必须享有的权利，是每个民事主体毫无例外、终身享有的权利，主要包括生命权、健康权、身体权、姓名权、名誉权、肖像权、隐私权等。

身份权是指民事主体具有特定身份时依法享有的权利，如配偶权、监护权等。

（七）其他权益

除上述权益外，老年人还享有其他权益。例如，《老年人权益保障法》第三条第二款规定：“老年人有从国家和社会获得物质帮助的权利，有享受社会服务和社会优待的权利，有参与社会发展和共享发展成果的权利。”《老年人权益保障法》第七十条第一款规定：“老年人有继续受教育的权利。”

三、老年人权益保障的影响因素

老年人权益保障受到多种因素的影响，这些因素相互作用，共同决定了老年人权益保障的内容、水平等。

（一）国家经济发展水平

老年人有从国家和社会获得物质帮助的权利，而这项权利的实现取决于国家的经济发展水平。国家经济发展水平越高，国家和社会财富越充足，能够提供给老年人的物质帮助越多，对老年人的权益保障力度也越大、覆盖面也越广。

（二）法律完善程度和执法力度

老年人权益保障的法律体系是保障老年人权益的基础。如果法律不完善或存在缺陷，老年人的权益可能无法得到充分保障。此外，执法力度不足或执法不公也可能导致老年人的权益受到侵害。

（三）养老模式

随着社会的发展和时代的变迁，传统的家庭养老模式已无法单独应对老龄化社会的挑战，社区养老和机构养老模式应时而生。在社区和养老机构中养老的老年人的相关权益也需要得到保障，这促使老年人权益保障的内容更丰富。

知识拓展

我国的养老模式

目前，我国的养老模式主要有家庭养老、社区养老和机构养老等。

（1）家庭养老，是指老年人居住在家中，由家庭成员为老年人提供物质供养、生活照料、精神慰藉等一系列服务的养老模式。

（2）社区养老，是指以家庭为核心，以社区为依托，上门为居家老年人提供照料服务、托老服务的整合社会各方力量的养老模式。

（3）机构养老，是指老年人居住在养老机构，并由养老机构为老年人提供生活照料、康复护理等服务的养老模式。

任务实施

开展《老年人权益保障法》宣传活动

【任务背景】

为切实增强老年人法治意识，维护和保障老年人合法权益，形成保障老年人合法权益的良好社会氛围，弘扬尊老敬老传统美德，各地都积极开展《老年人权益保障法》宣传活动。例如，安徽省宣城市绩溪县伏岭镇开展了《老年人权益保障法》普法宣传系列活动，工作人员通过发放宣传手册、以案说法释法、提供法律咨询等方式向人们普及了赡养、遗弃、虐待老年人，以及老年人的基本权益等方面的法律和法规知识，增强了人们敬老、爱老、养老意识，营造了良好的普法宣传氛围。

【实施要求】

（1）5～8 人一组，从中选出一名小组长，一名记录员。小组长负责本次活动的具体分工，记录员负责拍摄活动过程。

（2）小组成员查阅《老年人权益保障法》，结合所学知识，总结《老年人权益保障法》的主要内容，并将其制作成宣传手册、海报等向周边老年人发放，向他们普及相关知识。记录员将整个活动过程以拍摄视频的方式记录下来。小组成员应向老年人普及以下知识：

① 老年人享有的权益。

② 老年人在权益受到侵害时该如何运用法律武器来维护自身权益。

（3）各小组在课堂上展示视频，教师进行点评。

学习成果自测

1. 填空题

（1）______________是指国家和社会根据一定的法律和法规，为解决劳动者在达到国家规定的退休年龄，或因年老丧失劳动能力而退出劳动岗位后的基本生活问题而建立的一种社会保险制度。

（2）我国已建立了包括______________、______________、商业健康保险在内的多层次、宽领域、全民覆盖的医疗保障体系。

（3）______________是指遗赠人与扶养人签订的由扶养人承担遗赠人的生养死葬的义务，扶养人在遗赠人死亡后取得约定遗产的协议。

（4）老年人有从国家和社会获得物质帮助的权利，有享受______________和社会优待的权利，有______________和共享发展成果的权利。

2. 选择题

（1）老年人社会保障不以营利为目的，体现了老年人社会保障（　　）的特点。

A. 强制性　　B. 普遍性

C. 福利性　　D. 互助性

（2）老年人社会保障体系以（　　）为主。

A. 老年人社会福利　　B. 老年人社会保险

C. 老年人社会救助　　D. 老年人社会优待

（3）下列选项中，不属于老年人社会救助的是（　　）。

A. 最低生活保障　　B. 医疗救助

C. 特困人员供养　　D. 高龄津贴

（4）赡养人应当履行对老年人经济上供养、生活上照顾和（　　）的义务，照顾老年人的特殊需要。

A. 心理上辅导　　B. 心理上疏远

C. 精神上慰藉　　D. 政治上关心

（5）目前，我国已形成以（　　）为统领，以（　　）为综合性法律，以中国特色社会主义法律体系各法律部门中的相关法律为基干，以相关的国务院行政法规、地方性法规、规章等为重要组成部分的多层次的老年人权益保障法律制度体系。

A.《宪法》;《民法典》

B.《宪法》;《老年人权益保障法》

C.《老年人权益保障法》;《民法典》

D.《民法典》;《老年人权益保障法》

3. 简答题

（1）简述老年人社会保障的功能。

（2）老年人社会福利是什么？主要包括哪些内容？

学习成果评价

请进行学习成果评价，并将评价结果填入表 5-1 中。

表 5-1　学习成果评价表

<table>
<tr><td>班级</td><td></td><td>姓名</td><td colspan="2"></td></tr>
<tr><td>学号</td><td></td><td>指导教师</td><td colspan="2"></td></tr>
<tr><td>项目名称</td><td colspan="4">老年人社会保障与权益保障</td></tr>
<tr><td>评价项目</td><td>评价内容</td><td>分值</td><td>自我评分</td><td>教师评分</td></tr>
<tr><td rowspan="4">知识
（40%）</td><td>老年人社会保障的特点和功能</td><td>10</td><td></td><td></td></tr>
<tr><td>老年人社会保障体系</td><td>10</td><td></td><td></td></tr>
<tr><td>老年人权益保障的相关法规，老年人的基本权益</td><td>15</td><td></td><td></td></tr>
<tr><td>老年人权益保障的影响因素</td><td>5</td><td></td><td></td></tr>
<tr><td rowspan="2">技能
（40%）</td><td>能够向老年人普及社会保障方面的知识</td><td>20</td><td></td><td></td></tr>
<tr><td>能够指导老年人了解自身合法权益，强化风险防范意识，提升依法维权能力</td><td>20</td><td></td><td></td></tr>
<tr><td rowspan="4">素养
（20%）</td><td>具备良好的学习态度</td><td>5</td><td></td><td></td></tr>
<tr><td>具备团队精神</td><td>5</td><td></td><td></td></tr>
<tr><td>树立人文关怀理念，弘扬孝亲敬老传统美德</td><td>5</td><td></td><td></td></tr>
<tr><td>增强法治意识，争做尊法学法守法用法的先行者、实践者</td><td>5</td><td></td><td></td></tr>
<tr><td colspan="2">合计</td><td>100</td><td></td><td></td></tr>
<tr><td colspan="2">总分（自我评分×40%+教师评分×60%）</td><td colspan="3"></td></tr>
<tr><td>自我评价</td><td colspan="4"></td></tr>
<tr><td>教师评价</td><td colspan="4"></td></tr>
</table>

项目六 老年社会工作

项目引言

老年社会工作是老龄工作的重要方面，其内容涉及多个领域，包括但不限于救助服务、照顾安排、适老化环境改造、家庭辅导等，旨在从多维度、多层次保障老年人的幸福生活。老年社区工作作为老年社会工作的工作方法之一，能够根据社区内老年人的具体需求和问题，提供更具有针对性的服务。

知识目标

- 熟悉老年社会工作的定义和内容。
- 掌握老年社会工作的作用和原则。
- 掌握老年社会工作的步骤。
- 了解老年社区工作的定义、特点和内容。
- 了解老年社区工作的步骤和方法。

素质目标

- 通过学习“践行专业社工理念，给老人更多情感支持”案例，培养爱岗敬业的奉献精神和精益求精的工匠精神。
- 通过学习“社会工作者开展‘老年人邻里互助’小组活动”案例，树立用心用情用所学服务老年人的理念。

任务一　认识老年社会工作

任务导入

做好老年社会工作，增强老年人幸福感

为了更好地做好老年社会工作，社会工作服务站（以下简称“社工站”）以老年人需求为导向，对内支持老年人社会参与，对外探索从基层打通养老服务体系，从而丰富养老服务供给的量和质。

1．支持老年人社会参与

增权赋能，支持老年人社会参与，促进健康老龄化，是老年社会工作的重要内容。多地社工站为促进老年人社会参与，采取了积极措施。例如，重庆市渝中区大溪沟街道的老旧小区多，社工站根据社区的实际情况和需求开展了促进老年人社会参与的特色服务：根据双钢路社区高学历、高素质老年人多的特点，组织了诗歌鉴赏、国粹欣赏等活动，社区骨干还成立了多支老年志愿服务队；根据人和街社区老年人的艺术需求，指导成立了合唱团、交响乐团……

2．纵横打通跨专业养老服务体系

江苏省苏州市太仓市社会工作服务指导中心依托太仓市联动指挥系统平台，横向联动不同部门、机构的资源，纵向整合太仓市9个镇级社工站、147个社区社工室，以及其他综合资源，形成“网格发现需求—联动平台派单—中心处理—辖区社工服务”四级服务体系。“在纵横联通的跨专业养老服务体系中，社会工作者能发挥枢纽作用。”某健康养老学院院长表示，“一是信息的枢纽，通过纵向需求信息处理，形成横向服务规划整合；二是服务的枢纽，实现服务资源与服务需求的精准对接，提高养老服务资源的配置效率。”

“60多岁的智力障碍老年人费爷爷，因车祸瘫痪，需要介入。”2021年3月，太仓市社会工作服务指导中心在联动平台上收到这条派单信息。该中心的社会工作者立即联系相关人员，了解到费爷爷的家庭属于最低生活保障家庭，费爷爷的母亲已经年过90，养女正在上大学。针对费爷爷的情况，该中心的社会工作者与乡镇社工站、社区社工室、日间照料中心、医院、爱心企业、志愿者组织等跨专业团队进行了对接，研究制订出了一套可行的照护计划，从而解决了母子俩的生活照料、就医等问题。

3．改善基层养老服务供给

社会工作者整合各类养老服务资源，聚焦社区困难老年人，改善基层养老服务供给，让留守、独居老人空巢不空心，失能、失智老年人不失尊严，经济困难老年人生活

不犯愁。

浙江省杭州市拱墅区小河街道社工站的社会工作者开展了“安心社护”社工服务、失智症社区照护服务等项目。为提升家庭照护能力，社会工作者在社区定期举行失智症照护专业知识讲座，联系养老机构护理员定期上门为失智症老年患者进行身体护理等专业照护服务，对接志愿者团队定期上门探访等。

该社区的居民张奶奶患轻度失智症，家人不想将她送到养老机构中，但又担心她在小区中走丢。针对张奶奶的情况，社会工作者对接相关组织和医生，对张奶奶进行了详细诊治；协助张奶奶申请家庭适老化改造，以减少张奶奶居家活动的安全隐患；邀请张奶奶参加非药物干预社工小组，通过歌唱金曲、辨别蔬果、回忆青春等形式，开展康复训练，延缓病程。

（摘编自：张燕、张世华，《社工助力养老：触摸得到的温度》，《中国社会报》，2021 年 11 月 2 日）

思考：

（1）什么是老年社会工作？

（2）老年社会工作的内容有哪些？

一、老年社会工作的定义

老年社会工作是指以老年人及其家庭为对象，旨在维持和改善老年人的社会功能、提高老年人生活和生命质量的社会服务工作。老年社会工作的本质是将老年社会工作价值理念、社会工作者的实践经验和国家福利制度相结合，为老年人提供优质的服务。

根据定义和本质，老年社会工作具有以下内涵：

（1）老年社会工作的对象是老年人及其家庭。老年人在日常生活、社会活动等方面会面临各种困难，需要社会工作者为其提供相应的服务。此外，老年人的家庭成员因老年人照顾问题产生困扰、与老年人关系紧张时，也需要社会工作者的帮助。

（2）老年社会工作以老年人为核心，旨在挖掘老年人的潜能，维持和改善老年人的社会功能，提高老年人的生活和生命质量。

（3）老年社会工作是一种将老年社会工作的价值理念、社会工作者的实践经验和国家福利制度相结合的专业助人活动，主要目的是为老年人提供优质的社会服务，这使它有别于一般的帮助老年人的公益活动。

二、老年社会工作的内容

老年社会工作的内容主要包括以下几个方面。

（一）救助服务

（1）评估老年人，特别是空巢、高龄、失能、计划生育特殊家庭老年人的基本物质生活条件和经济状况。

（2）协助符合条件的老年人申请最低生活保障、特困人员供养、受灾人员救助、医疗救助、住房救助、临时救助等社会救助。例如，协助符合条件的老年人填写、提交社会救助申请资料。

（3）协助有需要的老年人获得单位和个人等社会力量的捐赠、帮扶和志愿服务。

（4）为老年人提供相应的心理疏导服务，帮助其提升能力、融入社会等。

（二）照顾安排

（1）组织开展老年人能力评估活动，评估内容包括日常生活活动、精神状态、感知与沟通状况、社会参与状况等；为老年人建立照顾档案。

（2）协助有需要的老年人获得居家照顾（见图6-1）和社区日间照料等服务。

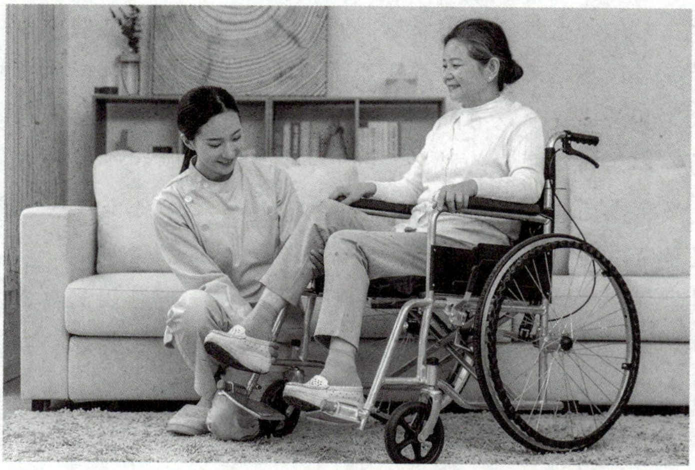

图6-1　居家照顾服务

（3）协助有需要的老年人申请机构养老服务。

（4）协调老年人的长期照护安排，特别是居家照顾、社区日间照料和机构照顾之间的衔接。

（5）协助照顾者提升照顾技能，如对照顾者进行照顾技能培训。

（三）适老化环境改造

（1）协调开展老年人居住环境安全评估。

（2）帮助老年人，特别是失能、失智等有需要的老年人及其家庭申请政府与社会资助，并通过改善室内照明条件、铺设防滑材料、安装浴室扶手等，降低老年人跌倒等意外风险。

同步案例

社会工作者介入老年人居住环境改善服务项目

安徽省合肥市蜀山区民生社会工作服务社开展了耄（mào）耋（dié）小屋升级计划项目。该项目旨在与老年人及其家人一起创建适宜老年人居住的舒适、安全、便利的家居环境，实现老年人的安居乐养。具体服务策略如下。

1．制定救助标准，服务对象自愿参与

该项目以蜀山区琥珀街道辖区范围内的65岁以上困难老年人为服务对象，以老年人是否为经济困难老年人（收入减去支出小于1 000元的老年人）为主要评估标准。

社会工作者通过上门家访推介、外展宣传、开通热线等方式向老年人宣传该项目，符合条件的老年人自愿报名参与。社会工作者鼓励老年人共同参与改善。

2．组建评估团队，开展服务对象筛选和服务需求专业评估

社会工作者在督导的支持下，为该项目设计了针对服务对象的评估内容与指标，并与大学生志愿者、居民志愿者一起组成了服务对象筛选评估团队。为了能够真实地了解老年人的居住状况和居家安全改善的需求情况，社会工作者对评估团队的志愿者进行了访视培训，帮助他们了解该项目的服务目的和标准，掌握访视评估的方法、技巧，从而保证评估质量。在需求与服务设计评估方面，该服务社联合家居改善设计方面的专业人士和志愿者组建了需求与服务设计评估团队。

潜在服务对象提交电话或纸质申请后，服务对象筛选评估团队对其开展评估，核实其是否符合服务对象的条件。对于符合条件的老年人，社会工作者和专业志愿者上门核对信息并与老年人签订服务协议。需求与服务设计评估团队根据老年人的实际情况给出改善意见，并征求老年人的意见，然后与老年人一起确定需求与服务方案，最后由专业人士和志愿者根据服务方案对老年人的居住环境进行改善。

3．整合社会资源，倡导老年人宜居环境改善

该项目采用项目化方式管理，社会工作者整合社会资源，保障项目顺利开展。项目经费由政府、基金会及社会工作者发动居民志愿者开展社区义卖等来支持。

4．后期跟进与评估

老年人完成居住环境改善后，社会工作者会上门跟进该项目的服务成效，评估改善后老年人居住环境的便利程度，测评服务前后家庭成员对老年人居住环境的关注度。

（摘编自：合肥市蜀山区民生社会工作服务社，《社工介入困境老人居住环境改善服务项目：耄耋小屋升级计划》，安徽省民政厅官网，2022年3月14日）

（四）家庭辅导

（1）协助老年人处理与配偶的关系。

（2）协助老年人处理与子女等家庭内的代际关系。

（3）为老年人提供婚恋咨询和辅导。

（五）精神慰藉

（1）发现老年人的认知和情绪问题，必要时协调专业人士对老年人进行认知和情绪问题的评估或诊断。

（2）为有需要的老年人提供心理辅导（见图 6-2）、情绪疏解、认知调节等服务，帮助老年人摆脱抑郁、焦虑、孤独等心理问题的困扰。

图 6-2　心理辅导

（3）协助老年人获得亲友的尊重、关怀和理解。

（4）帮助老年人适应角色转变，重新界定老年生活价值，认识人生意义，从而激发其对生活的信心和希望。

孝亲敬老

践行专业社工理念，给老人更多情感支持

黄某是某托老院社工部负责人。作为一名社会工作者，她坚持深耕一线，将理论和实践深度融合，成为海南省首批本土社会工作专业督导。

黄某说："社会工作者要关注老年人的心理，倾听他们的想法，尊重、理解并接纳他们。我们可以从老年人的表情中找到切入口，运用同理心等，拉近与他们的距离，并通过建立情感支持网络，给予他们更多关怀。"

马奶奶刚入住该托老院时，不太适应这里的生活，比较易躁、易怒。黄某及时关注到马奶奶的情绪，主动和她聊天，从天气、饮食聊到兴趣爱好。渐渐地，马奶奶放下了戒备心，向黄某表达了自己因陌生环境而感到害怕、孤独。黄某知道原因后，便带着马奶奶走出房间，为她介绍该托老院里的各个功能室，带她熟悉该托老院里的植物，并带她认识其他人。接下来的几天，黄某只要有时间，就会带着马奶奶在院子里散步。

马奶奶很快就适应了这里的环境和生活，逢人就主动打招呼，还积极参加该托老院里的集体活动。

“我希望通过自己的努力，带动更多的人投身老年社会工作行业，用专业社会工作理念和工作方法给予更多老年人情感支持，让他们在晚年不孤单、寂寞。”黄某说。

（六）危机干预

危机干预是指对处于困境或遭受挫折的人予以短程的关怀和帮助。对老年人进行危机干预的最低目标是在心理上帮助老年人解决危机，最高目标是提高老年人的心理平衡能力，使其高于遇到危机前。老年社会工作中的危机干预主要包括以下内容：

（1）识别并评估老年人所面临的危机，包括危机来源、危害程度、老年人应对危机的能力、以往应对方式及效果等。

（2）统筹制订危机干预计划，包括需要干预的问题或行为、可采取的策略、可获得的社会支持、危机介入小组的建立及分工、应急演练方案、信息沟通方式等。

（3）及时处理最迫切的问题，特别是老年人轻生、伤及他人等可能危及生命安全的行为问题。必要时，协调其他专业力量，对老年人进行身体约束或采取其他限制措施。

小贴士

约束是指借助适当物品，在治疗期间防止患者出现伤害自己或他人、拉扯医疗管路、跌倒等意外事件，以及在实施特殊照护技术时用来固定患者肢体，以保证检查、治疗、护理工作顺利进行的活动。

（4）进行危机干预的善后工作，包括回访介入对象，开展危机介入工作评估和小结，完善应急预案以预防同类危机再次出现等。

知识拓展

危机干预的方法

对老年人进行危机干预的方法主要包括以下几种：

（1）倾听老年人的想法，并热情回应他们，为他们提供情感支持。

（2）鼓励老年人表达内心感受，给予他们宣泄情绪的机会。

（3）向老年人解释危机的发展过程，使他们了解目前的境遇，帮助他们接受现实并树立信心。

（4）给予老年人希望，并鼓励他们保持乐观的心态。

（5）帮助老年人培养兴趣爱好，并鼓励他们积极参与社交活动。

(6) 发挥老年人社会支持系统的作用，如让老年人的家人、朋友多关心老年人等，帮助他们缓解孤独感。

（七）社会支持网络建设

(1) 对老年人的社会支持网络进行评估，包括个人层面可给予支持的人数、类型、距离及所发挥的功能，以及社区层面老年人群体的问题与需求、资源配置情况与需求满足情况。

(2) 综合使用各种策略以强化老年人社会支持网络，包括个人增能与自助、家庭照顾者支持、邻里互助、志愿者对接、增强社区权能等。例如，对接社会资源，联合爱心志愿者发起免费为老年人理发（见图 6-3）活动。

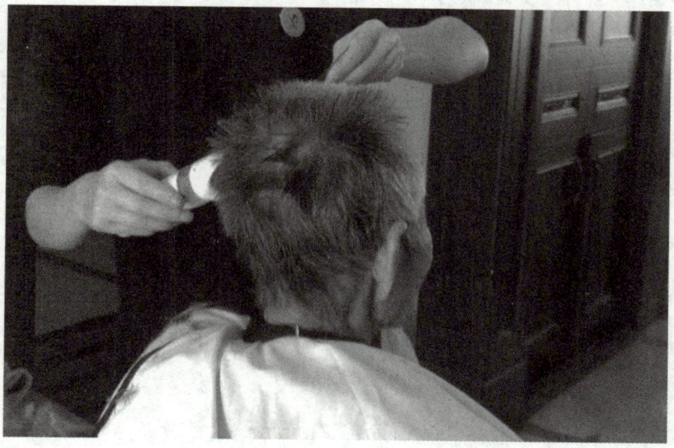

图 6-3 为老年人理发

(3) 巩固社会支持网络建设成效，建立长效机制。例如，定期对老年人的社会支持网络建设成效进行评估和反馈，并根据评估结果，及时调整和优化服务策略，以确保老年人社会支持网络持续发展。

（八）社区参与

(1) 开展适合老年人的文化活动、体育活动、娱乐活动等各项活动，组建老年人兴趣团体，提高老年人的社会活跃度，丰富老年人的社会生活。

(2) 组织老年人积极参与各项志愿服务，组建老年志愿者队伍，发展老年志愿服务团体。

(3) 支持老年人参与社区协商，为社区发展出谋划策。例如，鼓励老年人参加社区自治组织，为社区治理提出意见。

(4) 拓展老年人沟通和社区参与的渠道，促进老年人群体的社会融合。

（九）老年教育

(1) 评估老年人的兴趣爱好与教育需求。

(2) 推动建立老年大学、老年学习社等多种类型的老年人学习机构或平台。

(3) 开设有关老年健康、文化传统、安全防范、新兴媒介使用等方面的学习培训课程。

（4）鼓励和支持老年人组建各种学习交流组织，开展各种学习研讨活动，扩大社会交往范围。

（5）鼓励老年人运用学习成果，鼓励老年人与后辈之间相互学习、增进理解。

同步案例

开展健康小组活动，助力老年人健康生活

为了增强老年人的健康意识，培养老年人健康管理观念，营造健康的生活氛围，促进老年人养成良好的生活习惯，进而提升老年人的生活品质，贵州省铜仁市玉屏侗族自治县麻音塘街道社会工作和志愿服务站开展了“健康养生，你我同行”老年人健康小组活动。

该活动共有六个环节，分别以“开心见面会，健康初了解”“养生保健，你了解吗？”“健康生活享晚年，快乐热身操”“预防疾病‘有妙招’”“我是健康养生代言人”“畅谈‘我’的小生活”为主题。

社会工作者从合理饮食、适量运动、心态调节等方面引导老年人形成正确的健康观念。该活动以游戏互动、知识讲解、经验分享等形式开展，在促进老年人健康观念转变的同时，帮助他们更好地理解和掌握健康知识。在活动过程中，社会工作者鼓励老年人积极沟通与讨论，分享健康观念和健康生活方式，并及时给予老年人反馈和鼓励，带动老年人积极参与活动，从而增强老年人的参与感和自我效能感。

通过本次活动，老年人不仅学习了健康生活常识和如何跳操（见图 6-4），还增进了彼此间的沟通，建立了互相支持的友好关系。

图 6-4　跳操

（摘编自：《麻音塘街道社工站开展“健康养生，你我同行”老年人健康小组活动》，贵州大龙经济开发区官网，2022 年 12 月 22 日）

（十）咨询服务

（1）协调相关专业人士为老年人提供政策咨询、法律咨询、健康咨询、消费咨询等服务。

（2）完善老年人信息提供和问询解答的机制和流程。

（十一）权益保障

（1）维护和保障老年人的财产所有权和婚姻自由权。

（2）发现并及时举报虐待、遗弃、疏于照顾老年人等损害老年人权益的行为。

（3）开展社会宣传和公众教育，防止老年人受到歧视、侮辱和其他不公平、不合理对待。

（4）协助符合条件的老年人享受社区和机构的各项养老服务，获得高龄津贴、护理补贴等。

（十二）政策倡导

（1）研究、分析与老年人相关的法律法规及社会政策在制定和执行过程中的不完善与不合理之处，向相关职能部门提出完善建议。

（2）对社会公众进行教育、宣传，使社会对老年人群体进行客观、公正的评价。

（十三）老年临终关怀

老年临终关怀是指为满足临终老年人及其家属的生理、心理、人际关系及信念等方面的需要，提供的医疗、护理、心理支持、法律咨询等服务。老年社会工作中老年临终关怀主要包括以下内容：

（1）开展生命教育，帮助老年人树立理性的生死观。

（2）协助医护人员做好临终期老年人的生活照料和痛症管理。

（3）密切关注老年人的情绪变化，提供相应的心理支持。

（4）协助老年人完成未了心愿与遗嘱订立、器官捐献等法律事务。

（5）协助老年人与亲友和解、告别等。

（6）为老年人提供精神层面的支持。

（7）为有需要的老年人及其家属提供哀伤辅导服务。哀伤辅导是指协助失去所爱的人或失去所依附对象（主要指亲人）的人或即将离世的人疏导哀伤情绪。

孝亲敬老

用专业抚慰心灵，用真心赢得真情

程某是某社会福利院的社会工作者。某天，在开展防跌倒安全教育小组活动时，程某对在活动中表现积极的赵爷爷印象十分深刻。程某发现，赵爷爷在之后的活动也都会积极参加，他还通过小组活动交了不少朋友。但程某也发现，赵爷爷的头发日渐稀少，最后他还剃了光头。程某询问后得知，赵爷爷已经到了癌症晚期。

在赵爷爷卧床时，程某在征得赵爷爷亲属和医生的同意后，主动为他提供了老年临终关怀服务。程某每周按时坐在赵爷爷的床边和他聊天，也会提醒他的家人多鼓励、关怀他，直至赵爷爷离开人世。

程某说："及时发现并帮助临终老年人完成心愿，能够让老年人及其家属都得到慰藉。"

课堂互动

易奶奶喜欢唱戏、跳舞等，与邻居相处和睦，社会关系广。在丈夫去世后，易奶奶一直独居，变得沉默寡言，不爱与人交往，情感缺失较严重。因子女长年在外地工作，她与家人之间的沟通较少。前不久，易奶奶被诊断患有糖尿病，且右肩有肿块，生活不能完全自理。易奶奶有足够的存款和退休金，想入住养老机构，但担心自己被骗，一直犹豫不决。

讨论：社会工作者可以对易奶奶开展哪些工作？请说明理由。

三、老年社会工作的作用

老年社会工作的作用很广，以下从老年人个人和社会两个方面来介绍。

（一）对老年人的作用

（1）老年社会工作通过提供救助服务、照顾安排、适老化环境改造等服务，能够从经济、养老服务、生活环境等方面提高老年人的生活质量。

（2）老年社会工作通过提供社会支持网络建设、社区参与、老年教育等服务，帮助老年人维持社会关系，扩大社会关系网，有利于促进老年人社会参与，使老年人的晚年生活更充实。

（3）老年社会工作通过提供精神慰藉、危机干预、老年临终关怀等服务，能够帮助老年人摆脱负面情绪，缓解心理压力，保持心理健康。

（4）老年社会工作通过提供咨询服务、权益保障、政策倡导等服务，能够帮助老年人维护合法权益。

（二）对社会的作用

（1）老年社会工作通过为老年人提供一系列的服务，有助于营造全社会尊重和关爱老年人的老龄文化氛围。

（2）老年社会工作通过解决老年人的实际问题，有利于减少社会矛盾和冲突，维护社会稳定与和谐。

（3）老年社会工作者通过研究和实践，可以向政府反映老年人群体的问题和需求，从而推动有关老年政策的制定和实施。

四、老年社会工作的原则

老年社会工作应以老年人的正当需求为出发点，为他们提供专业服务，最大限度地维护他们的合法权益。具体而言，老年社会工作应该遵循以下原则。

（一）个性化原则

每个人都是独特的个体，社会工作者在服务老年人时，要具体问题具体分析，充分考虑老年人的个人特质，如生理状况、心理状况、经济状况等，了解老年人个性化的需要，尊重老年人的独特性，从而差别化、针对性地开展服务。

（二）接纳原则

接纳原则要求社会工作者对老年人的价值观与个人背景等进行包容和接纳。具体而言，在服务过程中，社会工作者要接纳老年人，将他们看作工作过程中的重要伙伴，不因他们的民族、性别、户籍、职业、宗教信仰、社会地位、受教育程度、身体状况、财产状况等而区别对待或歧视他们，更不能因此而拒绝为他们提供服务。

值得注意的是，对社会工作者而言，接纳并不等于认同，即接纳并不意味着社会工作者完全赞同老年人的价值观，社会工作者不能为了接纳老年人而将自己原有的价值观抛弃。

（三）尊重原则

尊重原则在老年社会工作中主要体现为尊重生命、尊重老年人的权益、尊重老年人的人格等。

1．尊重生命

生命至上是最基本、最重要的原则。尊重生命，使自己和他人免受伤害始终是社会工作者应该优先考虑的。

2．尊重老年人的权益

尊重老年人的权益，为他们谋求应得的福利也是老年社会工作的原则之一。例如，社会工作者应尊重老年人的知情权，确保他们在接受服务过程中，了解自身和社会工作机构的权利、责任和义务，以及可获得服务的内容和可能由此产生的结果等。

3．尊重老年人的人格

社会工作者应尊重老年人的人格，无差别对待老年人，与老年人建立起平等的关系。在服务过程中，社会工作者应保持礼貌、谦逊的态度，避免做出可能伤害老年人自尊心的行为，如嘲笑老年人等。

（四）保密原则

社会工作者应在不违反法律、不妨碍他人正当权益的前提下，保护老年人的隐私。社会工作者对在服务过程中获取的老年人的信息应予以保密，未经允许，不能透露给他人；需要向他人提供老年人的信息时，应告知老年人，并与他人、相关组织等共同采取信息保密措施。

（五）案主自决原则

老年人是解决自身问题的主要角色，社会工作者只是起到协助的作用。社会工作者应培养老年人自我决定的能力，尊重和保障老年人对与其利益相关的决定进行表达和选择的权利。在服务过程中，社会工作者要尊重老年人的意愿，协助老年人梳理、分析遇到的情况和可能的后果，鼓励老年人自己做出决定。

（六）情感不干涉原则

情感不干涉原则是指社会工作者在服务过程中，尊重老年人的情感自由，避免对其情感进行干预或强加自己的想法。情感不干涉原则的实现，建立在社会工作者与老年人之间相互信任关系的基础上。社会工作者应通过真诚、友好的态度，与老年人建立起相互信任的关系，以便更好地理解他们的情感。

五、老年社会工作的步骤

（一）接案

接案是指社会工作者与潜在服务对象开始接触与沟通并达成协议，以共同解决服务对象的问题的过程。成功的接案是社会工作者与老年人建立彼此信任、相互合作关系的前提。社会工作者在接案过程中应完成但不限于以下工作：

（1）收集老年人资料。

（2）了解老年人的问题和需要，决定是否需要紧急介入。

（3）评估老年人的问题解决是否在社会工作者能力范围和机构能力范围内，必要时予以转介。

（4）与老年人或其主要照顾者建立专业关系。

小贴士

建立专业关系是指社会工作者为解决老年人的特定问题、达成特定目标，与老年人及其相关人员结成的职业关系的过程。

（二）预估

预估是指在社会工作过程中，对处于一定环境中的服务对象的相关情况进行评定的过程。预估是为了了解老年人所面临的问题，老年人的期待、能力，分析其可获得的社会资源等。社会工作者在预估过程中应完成但不限于以下工作：

（1）优先评估老年人面临的风险，如健康风险、受虐风险、抑郁风险等。

（2）根据实际情况，协调专业人士对老年人进行跨专业、综合性预估。预估内容包括老年人的问题、需求和资源状况等。

（3）与老年人共同决定解决问题的优先次序。

（三）计划

计划是指在预估的基础上，为解决老年人的问题而进行的一系列关于解决方案的思考和决策的过程。社会工作者在计划过程中应完成但不限于以下工作：

（1）邀请老年人及其家庭成员参与制订服务计划。

（2）设定服务计划的目的和目标。

（3）制订介入策略、行动步骤和进度安排。

（4）拟定预期存在的困难、风险及其应对策略和预案。

（5）明确社会工作者、老年人及其照顾者各自的任务和角色。

（6）制订过程评估和成效评估计划和指标。

小贴士

过程评估是指在提供社会服务过程中，详细分析服务活动的类型、频率、持续时间、服务方法、服务管理工作等。

（7）拟定服务所需的人力、经费、设施等资源。

（四）介入

介入是指社会工作者根据介入方案，与服务对象共同解决问题的过程。通过介入，可以使老年人保持身心健康，改善所处环境，提高处理问题的能力等。社会工作者在介入过程中应完成但不限于以下工作：

（1）促使老年人及其家庭成员，以及相关人员学会运用现有资源。

（2）对老年人与环境之间的冲突进行调解。

（3）运用各种力量帮助老年人实现积极的改变。

（4）鼓励和协助老年人发挥潜能。

（5）注意发掘和运用老年人所在社区或机构的资源。

（6）协调和链接各种老年人服务的资源和系统。

（7）促进老年人所处环境的改善。

（8）促进有关老年政策的改善。

孝亲敬老

社会工作者守护高龄老年人

95 岁高龄的陈奶奶不慎摔伤腰椎，需卧床静养近三个月，在此期间她完全失去生活自理能力。陈奶奶的丈夫、儿子均已去世，只有儿媳照顾她。在卧床静养期间，陈奶奶情绪逐渐低落，她认为自己是儿媳的累赘，想要早点儿离世。

社会工作者了解陈奶奶的情况后，立即介入，定期探访陈奶奶。他们为陈奶奶梳头、量血压；围绕人生难忘的经历、亲朋好友等话题，与陈奶奶交流，给予陈奶奶情感支持；与陈奶奶的儿媳商讨护理计划，教授她急救技能，增进她与陈奶奶的交流等，从而从多方面为陈奶奶提供精神慰藉；为陈奶奶制订生活计划，协助申请临时救助，以缓解其家庭经济压力；举办邻里茶话会，增进陈奶奶与邻居的交流，制作邻里紧急联系本，做好应急帮扶工作；组织社区志愿者每月定期探访陈奶奶，为陈奶奶制作生命故事相册（见图 6-5）等；链接医院、志愿服务队、街道办等多方资源，为陈奶奶提供义诊服务、发放慰问品等。

图 6-5　制作生命故事相册

经过一年多的专业社会工作服务，陈奶奶的脸上重现笑容，她找到了继续生存的意义，对生活也充满了希望。

（摘编自：《晚霞更绚烂——“双百”社工守护高龄长者》，广东省民政厅官网，2020 年 4 月 3 日）

（五）评估

评估是指使用科学方法，对老年社会工作服务，进行系统的测量、诊断和评价的过程。社会工作者在评估过程中应完成但不限于以下工作：

（1）根据服务计划中制订的过程评估和成效评估计划开展评估。

（2）采取多种方式收集和分析与服务相关的资料，包括客观资料、主观感受与评价等。

（3）撰写评估报告。

（六）结案

结案是指社会工作者与服务对象一起计划结束他们之间的工作关系的过程。结案通常发生在介入目标已实现，或者双方中的任何一方中止服务协议后。社会工作者在结案过程中应完成但不限于以下工作：

（1）根据服务效果和具体情况确定能否结案。

（2）巩固老年人及其所处环境已有的改变。

（3）提升老年人独立解决问题的能力，增强老年人独立解决问题的信心。

（4）避免或妥善处理老年人因结案产生的负面情绪。

（5）结案后提供跟进服务。

任务实施

撰写老年社会工作服务方案

【任务背景】

80 岁的独居老人崔奶奶有一儿一女，女儿 59 岁在外地定居，儿子 56 岁在本地定居，他们生活比较拮据，且需要照顾孙辈，不能经常探望崔奶奶。崔奶奶认为自己是子女的负担，在生活上有困难时，也很少求助子女。

老年人社会工作服务方案示例

崔奶奶患有高血压病、冠心病、慢性胃炎等慢性疾病，体力和精力均较差，反应和行动缓慢，但生活基本能自理。因担心外出发生意外，崔奶奶很少外出，经常独自在家，她常常感到苦闷、孤独。

崔奶奶每个月的退休金都用于日常生活开销、购买药物等，基本没有结余，也没有存款。崔奶奶的居住环境也很差，楼栋没有电梯，居室内也没有采取防滑措施。

【实施要求】

（1）3～5 人一组，从中选出一名小组长，小组长负责本次活动的具体分工。

（2）阅读上述案例，并回答以下问题。

① 崔奶奶的问题有哪些？

② 针对崔奶奶的问题，社会工作者可以为她提供哪些服务？具体措施有哪些？

（3）整理上述问题的答案，并根据答案为崔奶奶撰写一份老年社会工作服务方案，方案中应包含服务目标、服务内容、服务实施计划等内容，方案形式为 Word 文档或 PPT。

（4）小组长进行课堂分享，教师进行点评。

任务二　了解老年社区工作

任务导入

社工站创新老年社区工作服务

山东省济南市市中区泺源街道的社会工作者从对社区居民的入户调查中了解到，辖区内老年人较多，且以残疾、高龄和独居老年人居多；大多数老年人的生活比较单调、乏味；有些老年人想要锻炼身体却很难坚持，但是他们对丰富的退休生活的向往很强烈，渴望参加一些适合老年人的康乐活动。

经过充分调研，结合自身优势，泺源街道办事处社工站决定组建太极拳长者康乐活动小组，开展适合老年人的太极拳小组活动，并由具有太极拳教练资格的人向老年人授课。这项活动的开展，不仅可以丰富辖区内老年人的精神文化生活，帮助老年人达到预防疾病、强身健体的目的，还可以促进社区老年人社会支持网络建立。

泺源街道办事处社工站还邀请了医生为老年人义诊，包括诊脉（见图 6-6）、推拿、测量血压等项目，并为老年人提供健康评估、健康咨询等服务；向老年人发放了健康卫生宣传资料，让老年人了解更多的健康知识，引导老年人充分认识健康的重要性，增强老年人健康生活意识，倡导健康生活方式。此外，社会工作者还与医生、太极师傅探讨如何让老年人进行更健康的太极运动，实现健康运动。

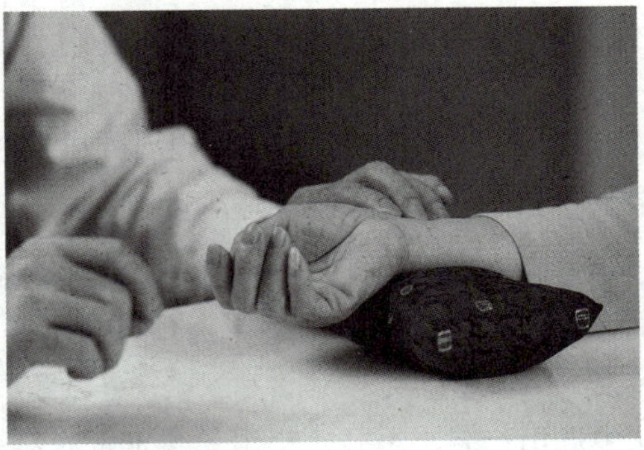

图 6-6　诊脉

（摘编自：林琳，《泺源街道办事处社工站创新社区老年服务》，济南市市中区人民政府官网，2022 年 1 月 13 日）

思考：

（1）什么是老年社区工作？

（2）老年社区工作的内容有哪些？

一、老年社区工作的定义

老年社区工作是指秉持助人自助的价值理念，以社区为平台，以社区中的老年人及社区其他居民为对象的一种老年社会工作方法。老年社区工作具有以下内涵：

（1）老年社区工作是一种老年社会工作方法。

（2）老年社区工作的对象主要是社区中的老年人及社区其他成员，重点解决社区中老年人所面临的集体性问题。

（3）老年社区工作强调社区老年人的社会参与，关注老年人的自身发展。

海淀黄庄社区养老驿站

（4）老年社区工作具有发挥老年人的潜能，提升其解决问题的能力的功能。

（5）老年社区工作的目的是建立一个不分年龄、人人共享的和谐社区。

二、老年社区工作的特点

（一）福利性

老年社区工作主要是帮助居住在社区中的孤寡、经济困难老年人和其他老年人维持基本生活，增进老年人的身心健康，提高老年人的生活水平和生活质量，不以营利为目的，为老年人提供的通常是无偿或低偿的服务。

（二）互助性

老年社区工作充分利用社区内外的各种资源，通过社区内老年人之间及社区其他居民与老年人之间的邻里互助，以及社区组织、福利机构等对老年人的帮助，来满足老年人的服务需求。

（三）专业性

老年社区工作的服务主体主要是社会工作者，这些社会工作者具备一定的专业知识和技能，他们为老年人提供的不仅仅有一般的送温暖服务，还有利用专业知识调集社区内资源等的专业服务。

（四）地域性

老年社区工作以社区为依托，主要利用社区资源为老年人提供服务。此外，社会工作者在开展老年社区工作时，需要充分考虑当地的文化特色，制订符合当地老年人实际需求的服务方案。

三、老年社区工作的内容

老年社区工作的内容如图 6-7 所示。

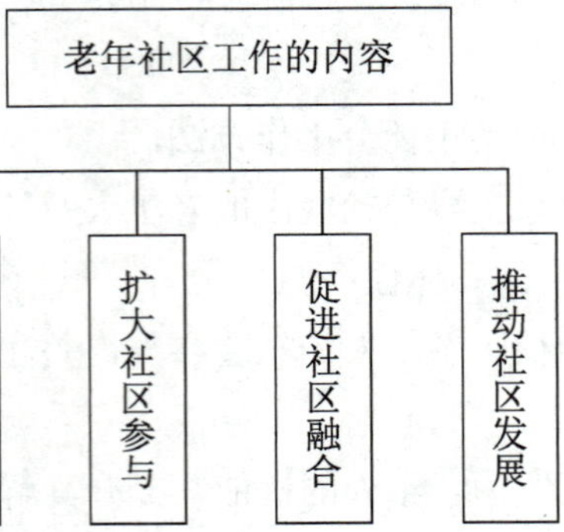

图 6-7　老年社区工作的内容

（一）统筹社区照顾

社区照顾是指社会工作者采用个案管理、资源链接等方式，为有需要的老年人提供生活照料、精神慰藉、康复护理、权益维护、社会支持等服务。老年社区工作中统筹社区照顾的工作主要包括以下内容：

（1）为老年人提供心理疏导等专业服务，帮助老年人融入社会、提升能力，避免老年人因心理行为偏差引发个体和社会问题。

（2）为老年人，特别是留守、空巢、失独、病残、失能、高龄老年人，或因遭受突发事件、意外伤害和办理丧葬事宜等需要帮助的老年人提供生活照料、精神慰藉、情绪疏导、哀伤辅导、危机干预、关系调适、社会参与、资源链接等服务。

（3）协助做好社区老年人健康管理和医院转介老年患者的社区治理与康复服务，如协助社区老年人进行康复训练（见图 6-8）。

图 6-8　协助社区老年人进行康复训练

（二）扩大社区参与

（1）协助社区党组织和社区居民自治组织开展老年人社区需求调查，参与策划、执行、评估老年社区服务项目与活动。

（2）协助社区党组织和社区居民自治组织动员和组织老年人参与社区协商。

（3）增强老年人参与社区公共事务的意愿，提升其参与能力，拓展其可参与活动的空间，为其建立参与机制。

（4）组织策划社区志愿服务项目，引导老年人参与社区志愿服务，使其协助社区党组织和社区居民自治组织开展社区志愿者动员、招募、培训、使用、登记注册、服务记录与证明等工作。

（三）促进社区融合

社区融合是指社会工作者通过整合社会资源，建立社会网络，促进社区居民平等享有民主权利、公共服务及相关社会福利，促进社区居民参与政治、经济、文化及社会生活，增强社区认同感，促进社区团结，形成社区和睦相处、和谐共进的状态。老年社区工作中促进社区融合的工作主要包括以下内容：

（1）参与建立老年人互助小组和支持网络，组织老年人进行互助和自助。

（2）帮助外来老年人适应社区环境，促进户籍居民接纳外来老年人，增进社区团结。

（3）帮助拆迁安置、棚户区改造、政策移民、灾后重建等新建社区内的老年人适应新环境，建立支持性社区关系网络。

（4）参与老年人矛盾调解，预防、化解社区老年人的矛盾。

同步案例

社会工作者开展“老年人邻里互助”小组活动

贵州省毕节市七星关区柏杨林街道移民安置点的老年人大多是从各乡镇搬迁过来的，他们不得不面对陌生的环境和人。为了减小这些因素对他们生活的影响，传播互相关怀、助人自助的理念，形成和谐互助的邻里关系，毕节市同心社会工作发展中心在相关单位的协助下，在社区老年活动中心开展了“老年人互助”小组活动。本次活动吸引了 10 余名老年人参加。

为了促进社会工作者及小组成员间相互认识，社会工作者通过破冰游戏——抛绣球，让小组成员进行自我介绍并相互认识，以此消除小组成员之间的陌生感。

随后，社会工作者通过入户探访社区困难群众的形式开展互助活动。对半失能独居老人，社会工作者联系其家人，邀请小组成员入户对其家庭成员做思想动员工作，宣传孝亲敬老的美德；对独居老人的邻居进行走访沟通，为独居老人构建邻里互助支持网络；对留守老人，社会工作者和小组成员详细询问他们的生活状况，表达了对他们的关心；对困难家庭的老年人，社会工作者和小组成员共同为他们提供压力疏导、政策宣传等服务，增强他们的自信心……

最后，社会工作者带领小组成员回顾本次活动、分享经验、总结心得，并通过解手环游戏互动的方式，引导小组成员分享对互助的理解。

（摘编自：《柏杨林驻点社工开展“老年人邻里互助”小组活动》，贵州省民政厅官网，2020 年 4 月 21 日）

（四）推动社区发展

（1）培育社区共同体精神，开展社区老年人文化素质与家庭美德、公民道德教育，引导社区老年人形成积极向上的世界观、人生观、价值观及生活态度；引导老年人共同参与社区建设，建立健全社区支持网络，提高老年人能力，增强其对社区的归属感和认同感。

（2）开展社区通用性培训，举办面向老年人的文化、教育和科普活动，提高老年人文化素养。

课堂互动

A 社区的社会工作者近期的工作内容如下：

（1）开展“弘扬好家风，传承好家训”活动，营造尊老、爱老、孝老的社区氛围。

（2）举办“茶话会”，为老年人搭建交流平台，增进他们之间的交流。

（3）协助社区老年助餐点开展助餐服务，为行动不便的老年人送餐，解决部分老年人“吃饭难”的问题。

（4）与社区孤寡老人谈话，倾听他们的烦恼，为他们提供精神慰藉服务。

讨论：以上工作分别属于老年社区工作内容的哪一项？并说明理由。

四、老年社区工作的步骤

老年社区工作的步骤包括需求评估、服务策划、服务执行、服务评估与改进等。

（一）需求评估

在进行需求评估时，需要做到以下几点：

（1）在社区党组织和社区居民自治组织的指导下，走访社区各类组织和社区骨干，调查、分析社区的地理环境、经济状况、人口结构、文化特色、资源优势等基本情况。

（2）分析并明确社区老年人问题，对老年社区工作的介入层面和类型进行分析。

（3）分析社区内公共设施、教育机构、医疗机构、社区组织、商业场所等的数量、位置、运作情况，老年人的使用状况，对老年人的影响等，全面了解社区潜在服务资源状况。

（4）分析社区党组织和社区居民自治组织成员、社区专职工作者、社会组织工作人员，以及社区志愿者、社区骨干、社区各类专业人员等社区服务人力资源状况。

（二）服务策划

在进行服务策划时，需要做到以下几点：

（1）明确老年社区工作服务项目的目标与任务，包括目标群体、主要问题、服务内容、服务方式、预期成效等。

（2）掌握服务对象的特点、能力、兴趣、生活方式、社区关系状况等。

（3）根据服务机构或社会工作者的能力，制订切实可行的服务计划。

（4）制订工作进度表，明确各阶段的工作任务及时间期限，合理安排各阶段的服务内容。

（5）根据服务目标和任务，安排服务场地（环境）、人员、财物等服务资源。

（三）服务执行

在进行服务执行时，需要做到以下几点：

（1）确定服务过程的所有环节，做好人员分工，明确人员职责。

（2）把握服务推进策略、方法和节奏，进行资源、进度和服务质量管理。

（3）应对服务过程变动，做好服务中的危机处理。

（4）开展过程评估，及时调整服务计划。

（5）记录服务过程和结果，建立工作档案。

（四）服务评估与改进

在进行服务评估与改进时，需要做到以下几点：

（1）采用合适的方法对老年社区工作服务项目的方案、实施过程、管理工作、成效等进行评估。

（2）根据服务评估结果，总结有效方法，分析问题和困难，持续改进和完善老年社区工作服务项目。

五、老年社区工作的方法

（一）社区分析评估方法

社区分析评估是指社会工作者在开展社区工作前，对社区整体及其各个组成部分进行观察，并对所获得的资料进行分析、评价的活动。社区分析评估方法主要包括以下三种：

（1）资料收集法，是指通过调动社区居民参与，采用访谈法、观察法、问卷调查法、焦点小组法等方法收集相关资料，了解社区状况，分析社区问题与需求，评估社区风险的方法。

（2）基线评估法，是指通过对社区初始状况进行研究和测量，建立基线并据此评估介入前后的社区变化，判断社会工作者介入成效的方法。

（3）社区优劣势分析法，是指通过分析社区的优势、劣势，以及外部环境为社区带来的机遇和挑战，将社区发展与社区内部资源、外部环境有机结合起来，并在此基础上选择介入策略的方法。

（二）社区资源链接方法

社区资源链接方法主要包括以下三种：

（1）资源整合法，是指在本社区内，通过协商、合作等方式，共享工作条件、互通服务信息、联合决策和行动，以满足多样化社区服务需求的方法。

（2）资源共享法，是指在本社区与其他社区之间，通过协商、合作，聚合各自优势，共享服务资源，合作开展服务，提升彼此社区服务水平的方法。

（3）资源配置法，是指根据社区资源的不同特征，通过计划、组织、培训、咨询、协调、合作、控制、评估等手段，管理配置好各类服务资源，开展社区服务的方法。

（三）社区参与方法

社区参与方法主要包括以下三种：

（1）社区动员法，是指通过告知、倡导、鼓励、示范等方式，动员社区老年人和社区其他居民参与到社区各项活动和事务中的方法。

（2）共识建导法，是指通过引导社区老年人主动参与，充分表达意愿等，汇集社区老年人思想，促进社区老年人达成共识的方法。

（3）参与式社区会议法，是指在社区公共议题的设计与讨论中，引导社区老年人参与，由社区老年人提出问题，共同探讨解决方案，并达成一致意见和采取一致行动的方法。

（四）社区支持网络建设方法

社区支持网络建设方法主要包括以下两种：

（1）正式支持网络建设法，是指通过组织、协调、支持、培训等方式，建立由政府、企业、学校、社区组织，以及其他社会服务机构、志愿服务组织等所组成的社会支持网络的方法。

（2）非正式支持网络建设法，是指通过组织、协调、支持、培训等方式，建设由亲人、朋友、邻里等组成的社会支持网络的方法。

知识拓展

老年社区工作的相关策略

针对不同的问题，社区工作者在开展老年社区工作时可采取不同的策略。

1. 增进老年人与社区其他居民关系的策略

针对老年人与社区其他居民之间缺乏互动、关系疏远等问题，社会工作者可以开展多样化的活动（如老年文艺汇演）吸引老年人走出家门，让老年人与他人在这些活动中相互熟悉。此外，社会工作者可以开展一些楼道活动，如举办楼道会议等，促进邻里之间互助合作。

2. 促进老年人能力提升的策略

社会工作者可以开展相关教育活动，让老年人了解社区的问题、需求，掌握志愿者管理、社区治理、居民动员知识和一些新技能等，从而提升他们管理社区的能力。

3. 促进解决社区老年人问题的策略

社会工作者可以与社区党组织和社区居民自治组织定期召开议事会，探讨有关社区老年人的问题，共同商议解决问题的方法，还可以召开居民大会，了解老年人的诉求与意见，从而有针对性地为老年人解决问题。针对一些使用社区内部资源无法解决的问题，社会工作者应当及时链接外部资源，建立资源传输通道，通过政府、企业等资源推动社区老年人问题的解决。

任务实施

制作老年社区工作调研视频

【任务背景】

针对社区内空巢、独居老人居家安全问题，C 社区和 H 社区的社工站采取了不同的措施。

C 社区社工站以“五社联动”为指引，建立了空巢、独居老人的居家安全台账，常态化开展居家安全排查活动；链接社会组织发展专项基金用于辖区内空巢、独居老人居家安全改造，并协助社区完成了多户老年人的居家安全改造；联动多方营造尊老爱老、关注老年人居家安全的社区氛围；探索空巢、独居老人居家安全联动服务机制。

H 社区社工站开展了“一米守护”项目。该项目联动党群服务中心筛选服务对象，重点发动服务对象的邻居、小区物业人员组建守护队伍，实现“就近守护”；通过培训提升邻里守护队伍的服务能力，形成常态化探访机制，并根据志愿者的反馈，及时为服务对象提供支持服务；组织志愿者定期探访老年人，确认老年人安全，同时留下志愿者的联系方式，方便老年人在遇到危险时能够紧急联系志愿者。

老年社区工作的内容丰富，种类繁多。社会工作者往往会针对本社区的问题、需求等，采取不同的措施。

【实施要求】

（1）8～10 人一组，从中选出一名小组长、一名记录员。小组长负责本次活动的具体分工，记录员负责拍摄活动过程。

（2）小组成员选择一个社区，以发放问卷、走访、电话访谈等形式进行调研，调研时应收集以下信息：

① 该社区现有的老年社区工作内容有哪些。

② 该社区现有的老年社区工作是如何开展的。

（3）各小组对收集到的资料进行分析，将分析结果整理成报告，最后将报告与调研活动视频一起制作成老年社区工作调研视频。

（4）各小组在课堂上展示视频，教师进行点评。

学习成果自测

1. 填空题

（1）老年社会工作是指以____________为对象，旨在维持和改善老年人的社会功能、提高老年人生活和生命质量的社会服务工作。

（2）_____________是指对处于困境或遭受挫折的人予以短程的关怀和帮助。

（3）_________是指社会工作者与潜在服务对象开始接触与沟通并达成协议，以共同解决服务对象的问题的过程。

（4）_________是指社会工作者采用个案管理、资源链接等方式，为有需要的老年人提供生活照料、精神慰藉、康复护理、权益维护、社会支持等服务。

（5）老年社区工作的步骤包括_____________、_____________、_____________、服务评估与改进等。

2. 选择题

（1）为老年人提供相应的心理疏导服务，帮助其提升能力、融入社会等，属于老年社会工作中（　　）的工作内容。

A. 救助服务　　B. 照顾安排

C. 精神慰藉　　D. 家庭辅导

（2）下列选项中，不属于老年临终关怀的工作内容的是（　　）。

A. 开展生命教育，帮助老年人树立理性的生死观

B. 密切关注老年人的情绪变化，提供相应的心理支持

C. 帮助老年人适应角色转变，重新界定老年生活价值，认识人生意义，从而激发其对生活的信心和希望

D. 为有需要的老年人及其家属提供哀伤辅导服务

（3）社会工作者在服务过程中，尊重老年人的情感自由，避免对其情感进行干预或强加自己的想法。这体现了老年社会工作的（　　）原则。

A．接纳　　B．情感不干涉

C．案主自决　　D．保密

（4）下列选项中，属于社会工作者在老年社会工作评估环节应完成的工作内容的是（　　）。

A．根据实际情况，协调专业人士对老年人进行跨专业、综合性预估

B．与老年人或其主要照顾者建立专业关系

C．根据服务计划中制订的过程评估和成效评估计划开展评估

D．明确社会工作者、老年人及其照顾者各自的任务和角色

（5）下列选项中，属于老年社区工作中促进社区融合的工作内容的是（　　）。

A．帮助外来老年人适应社区环境，促进户籍居民接纳外来老年人，增进社区团结

B．协助社区党组织和社区居民自治组织动员和组织老年人参与社区协商

C．增强老年人参与社区公共事务的意愿，提升其参与能力，拓展其可参与活动的空间，为其建立参与机制

D．开展社区通用性培训，举办面向老年人的文化、教育和科普活动，提高老年人文化素养

3．简答题

（1）简述老年社会工作的作用。

（2）在老年社会工作中，社会工作者在介入环节应完成的工作内容有哪些？

（3）老年社区工作的特点有哪些？

学习成果评价

请进行学习成果评价，并将评价结果填入表 6-1 中。

表 6-1　学习成果评价表

班级		姓名		
学号		指导教师		
项目名称	老年社会工作			
评价项目	评价内容	分值	自我评分	教师评分
知识（40%）	老年社会工作的定义和内容	7		
	老年社会工作的作用和原则	7		
	老年社会工作的步骤	7		
	老年社区工作的定义、特点和内容	6		
	老年社区工作的步骤和方法	13		
技能（40%）	能够协助社会工作者开展老年社会工作	20		
	能够协助社区开展老年社区工作	20		
素养（20%）	具备良好的学习态度	5		
	具备团队精神	5		
	培养爱岗敬业的奉献精神和精益求精的工匠精神	5		
	树立用心用情用所学服务老年人的理念	5		
合计		100		
总分（自我评分×40%+教师评分×60%）				
自我评价				
教师评价				

参考文献

［1］罗锐．老年学概论［M］．北京：清华大学出版社，2022．

［2］谢培豪，倪进东．老年学［M］．北京：科学出版社，2018．

［3］邬沧萍，姜向群．老年学概论［M］．3版．北京：中国人民大学出版社，2015．

［4］张小燕，刘军英．老年护理［M］．4版．北京：人民卫生出版社，2022．

［5］曾强，陈垦．老年健康服务与管理［M］．北京：人民卫生出版社，2020．

［6］马健囡．老年人社会参与的情境与行为［M］．北京：知识产权出版社，2019．

［7］徐茅娣．老有所为：中国老年人口的劳动参与行为［M］．北京：社会科学文献出版社，2022．

［8］杨根来．老年政策法规和标准［M］．2版．北京：北京师范大学出版社，2023．

［9］李国珍．老年社会工作［M］．武汉：华中科技大学出版社，2022．